실무에 ㅂ

일잘러의

엑셀

데이터 분석

실무에 바로 쓰는
일잘러의 엑셀 데이터 분석

1쇄 발행 2022년 11월 11일
4쇄 발행 2024년 12월 20일

지은이 박진아(지나), 임준원(제임스)
펴낸이 장성두
펴낸곳 주식회사 제이펍

출판신고 2009년 11월 10일 제406-2009-000087호
주소 경기도 파주시 회동길 159 3층 / **전화** 070-8201-9010 / **팩스** 02-6280-0405
홈페이지 www.jpub.kr / **투고** submit@jpub.kr / **독자문의** help@jpub.kr / **교재문의** textbook@jpub.kr

소통기획부 김정준, 이상복, 안수정, 박재인, 송영화, 김은미, 배인혜, 권유라, 나준섭
소통지원부 민지환, 이승환, 김정미, 서세원 / **디자인부** 이민숙, 최병찬

기획 및 진행 송찬수 / **교정·교열** 강민철 / **내지 및 표지디자인** 다람쥐생활 / **내지 편집** 디자인 눈
용지 신승지류유통 / **인쇄** 해외정판사 / **제본** 일진제책사

ISBN 979-11-92469-31-7 (13000)
책값은 뒤표지에 있습니다.

제이펍은 여러분의 아이디어와 원고를 기다리고 있습니다. 책으로 펴내고자 하는 아이디어나 원고가 있는 분께서는
책의 간단한 개요와 차례, 구성과 지은이/옮긴이 약력 등을 메일(submit@jpub.kr)로 보내주세요.

실무에 바로 쓰는

에이블런 지음

일잘러의

엑셀

데이터 분석

데이터 리터러시를 위한
기초 통계 지식부터 엑셀 파워 쿼리 & 시각화

Jpub
제이펍

4장 | 엑셀로 이해하는 기술 통계 • 109

7장 | 탐색적 데이터 분석을 위한 시각화 • 247

디지털 전환의 시대가 도래한 오늘날, 데이터를 언어처럼 읽고 쓰고 말할 수 있는 능력인 데이터 리터러시 Data Literacy 는 회사와 개인 모두에게 필수 역량이 되었습니다.

그렇다면 지금, 이 순간 무엇을 해야 할까요? 우선은 데이터에 관심을 기울이며, 나의 삶과 일을 어떻게 더 좋게 개선할 수 있을지에 대해 고민하는 자세부터 필요합니다. 한 예로, 이제 막 엑셀로 상관 분석 방법을 배운 패션 회사 막내 사원이 있었습니다. 그 사원은 단 1개월간의 매출 데이터를 분석해서 서로 관계가 있는 제품들을 찾고, 이 제품들을 추천 상품으로 묶어서 패키지로 출시해 보자는 아이디어를 내서 좋은 호응을 얻었습니다.

이 외에도 우리가 무언가를 해결하고 싶은 목표와 의지만 있다면 데이터는 여러분에게 생각보다 더 유용한 도구가 될 수 있습니다. 비단 데이터 전문가가 아니더라도 데이터로 커뮤니케이션을 원한다면 우선 관심을 가져 보세요. 그리고 지금 스스로 할 수 있는 범위 안에서 아주 작은 시도부터 찾아 도전해 보세요.

대부분의 직장인에게 엑셀은 아주 익숙하고 친근한 데이터 분석 도구입니다. 그런 여러분에게 이 책은 데이터 분석의 기초적인 개념과 방법들을 다양한 사례와 실습으로 소개합니다. 이 책이 이제 막 데이터에 관심을 가지고 입문하는 여러분에게 좋은 길잡이가 되길 바랍니다.

에이블런 **지나 & 제임스** 드림

이 책은 엑셀을 이용한 데이터 분석 방법과 함께 데이터 분석을 위한 다양한 통계 지식을 소개합니다. 통계 지식이 어렵게 느껴지더라도 포기하지 말고, 다양한 사례를 실습하면서 데이터 리터러시 능력을 키워 보세요.

데이터 분석을 위한 통계 지식 쌓기

지루하고 어려울 수 있는 통계 지식을 다양한 사례와 도표 이미지 등을 통해 최대한 쉽게 설명합니다.

단계별 따라 하기

엑셀 파워 쿼리와 엑셀 데이터 분석 기능을 이용하여 배운 통계 지식을 바탕으로 데이터를 분석해 봅니다.

실습 내용 요약 정리

실습 과정을 빠르게 정리할 수 있도록 주요 실습 과정마다 핵심 내용을 한 번 더 정리해 두었습니다.

TIP 실습 중 놓치거나 실수할 수 있는 내용 및 다양한 정보를 알려 줍니다.

예제 파일 제공 실습을 위한 예제 파일은 https://bit.ly/book_jpub에서 도서명으로 검색한 후 다운로드할 수 있습니다.

1장

데이터로
말하는
데이터 리터러시

데이터 리터러시란?

미국의 IT 기술 전문 컨설팅 기관인 IDC에서는 기업에서 빅데이터 및 분석 제품에 투자하는 지출이 수천억 원을 초과할 것으로 예상되지만, 비즈니스 가치 달성을 위한 데이터 활용 능력과 AI 기술은 여전히 절대적으로 부족하다고 말했습니다. 이것은 오늘날 기업이나 조직이 데이터에 무지하다는 말이 아니라, 데이터 분석을 위해 궁극적으로 필요한 역량인 '데이터 리터러시^{Data Literacy}' 가 없다는 뜻입니다. 바야흐로 데이터를 활용하고 해석하는 역량인 데이터 리터러시가 중요해진 시대입니다.

데이터 리터러시란 정확히 무엇일까요? 익숙한 듯 낯선 느낌인데요, 리터러시 ^{Literacy}의 사전적 정의는 '문해력', 좀 더 쉽게 풀어 쓰면 '글을 읽고 쓸 줄 아는 능력'입니다. 국제 비영리단체인 유네스코^{UNESCO}는 리터러시를 '다양한 상황과 관련된 인쇄, 서면 자료를 이용해 식별, 이해, 해석, 창작, 의사소통, 계산할 수 있는 능력'이라고 정의하고, '개인이 목표를 달성하고 그들의 지식과 가능성을 계발하며 지역 사회와 더 넓은 사회에 폭넓게 참여할 수 있도록 하는 지속적인 학습을 포함한다.'고 설명했습니다. 결국 리터러시란 특정한 글이나 자료에서 내용을 파악하고 이해하며, 이를 바탕으로 다시 가치를 창조하는 문해력이라 할 수 있습니다.

즉, 무언가를 읽고 쓸 줄 아는 능력을 뜻하는 리터러시에 데이터가 더해진 **데이터 리터러시**는 데이터를 읽고 쓰는 능력이라고 볼 수 있습니다. 그렇다면 데이터를 전문적으로 활용하는 직무를 맡지 않은 일반 직장인도 데이터를 꼭 알아야 할까요? 지금부터 왜 직장인도 데이터를 다룰 줄 알아야 하는지 천천히 살펴보겠습니다.

데이터 리터러시 입문을 위한 데이터의 7가지 특징

오늘날은 전사 임직원의 데이터 활용 역량이 곧 기업의 핵심 경쟁력이 되는 디지털 전환Digital Transformation의 시대입니다. 제4차 산업혁명과 코로나19 대유행에 이어 급격하게 맞이한 디지털 전환 시대에서 데이터는 우리에게 어떤 의미가 되었는지 상기해 보아야 합니다.

예를 들어, 반드시 영어를 능숙하게 사용해야 하는 직무가 아니더라도 21세기 대한민국에서는 영어를 읽고 쓰고 이해할 수 있는 역량이 필수에 가깝습니다. 영어처럼 앞으로는 데이터를 전문적으로 다루는 직무가 아니더라도 모든 직장인이 데이터를 읽고, 쓰고 이해해야 하는 제3의 언어The Third Language가 될 것이라 확신합니다.

수십 년간 시장 점유율 1위의 데이터 시각화 솔루션인 태블로Tableau의 수석 솔루션 엔지니어는 데이터를 언어처럼 읽고, 쓰고, 말할 수 있는 데이터 리터러시에 대해 다음과 같이 말했습니다. "인류의 문해력Literacy이 지난 수백 년 동안 인간의 발전에 기여한 것과 마찬가지로 데이터 리터러시는 금세기에 우리와 우리의 조직을 유지하는 데 필수입니다. 더 중요한 것은 데이터를 이해하는 것이 더 이상 데이터 과학자 및 기술 전문가의 기술이 아니라 우리 모두에게 필수적인 기술이 되었다는 것입니다." 이제 조직과 개인 모두에게 데이터 리터러시는 선택이 아닌 필수이며, 생존의 문제가 되었습니다. 그렇다면 데이터 입문자가 데이터에 접근하고 데이터를 활용하기 위해 알아야 할 가장 기본적인 데이터의 특성 7가지를 확인해 봅시다.

불확실성을 전제하는 데이터

한편으로는 데이터를 지나치게 신뢰하는 경향도 볼 수 있습니다. 그러나 데이터에 일가견이 있는 사람이라면 주어진 데이터 세트가 불완전할 가능성이 충분하며 실제로 데이터를 활용한 통계는 명확한 사실Fact을 내놓는 것이 아닌 **불확실성의 수준을 설명**하는 것이라고 말할 것입니다. 예를 들어, "오늘은 점심이 매우 맛있을 거야."라고 추측하는 것보다는 "오늘 점심이 맛있을 가능성이 80~91%에 달할 것이라고 95% 확신할 수 있어."라고 말하는 것이 좀 더 정확한 표현입니다. 따라서 우리가 데이터를 활용할 때는 이러한 불확실성을 사전에 충분히 인지하고 명심해야 합니다.

특히, 인포그래픽과 같은 시각 자료를 사용한다면 차트에서 보이는 부분을 그대로 믿기보다는 비판적으로 해석하고 받아들이려는 자세가 필요합니다. 예를 들어, 상품별 국내 및 해외 매출을 나타낸 다음 막대 그래프 2가지를 보겠습니다. 동일한 데이터를 활용했지만 축의 유무나 표현에 따라 보이는 결과가 크게 달라질 수 있고, 이에 따라 서로 의사소통이 어긋나거나 잘못된 해석을 할 수 있는 여지가 생길 수 있음을 인지해야 합니다.

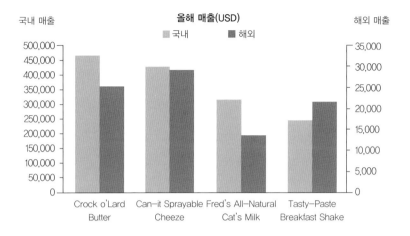

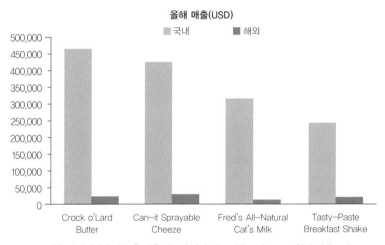

▲ 같은 데이터지만 이중 축 사용 여부에 따라 서로 다른 모습으로 표현된 막대 그래프

목적과 상황에 맞는 데이터 유형의 이해

목적과 상황에 맞는 데이터를 수집하기는 생각만큼 쉽지 않습니다. 때로는 데이터를 활용하는 모든 시간과 비용을 데이터 수집과 관리에 쏟아부어야 할 수도 있습니다. 또한 데이터의 유형은 생각보다 다양하고 유연하다는 것을 인지해야 합니다. 대부분의 사람들은 데이터라고 하면 정확한 측량과 측정이 가능한 모습을 떠올리며, 통계적 방법으로 분석되는 '정량적 데이터'만 생각하는 경우가 많습니다. 다른 말로 '수치 데이터'라고도 하는 **정량적 데이터는 다양한 형태로 존재**합니다.

반면 '정성적 데이터'는 성별이나 사용 언어와 같이 양적으로 측정할 수 없는 것을 기반으로 하는 데이터입니다. 이러한 유형의 데이터를 분석하려면 특성에 따라 테마 또는 패턴으로 분류하는 작업이 포함됩니다. 이는 '범주형 데이터'라고 합니다. 작업 중인 데이터의 유형을 이해하면 데이터를 표시하는 순서를 선택하거나, 시각화할 차트 유형을 선택하는 등 데이터를 가장 잘 전달하는 방법을 결정하는 데 도움이 됩니다.

	정량적 데이터	정성적 데이터
유형	정형 데이터, 반정형 데이터	비정형 데이터
특징 및 관점	여러 요소의 결합으로 의미 부여, 주로 객관적 내용	객체 하나가 함축된 의미 내포, 주로 주관적 내용
구성 및 형태	수치나 기호 / 데이터베이스, 스프레드시트 형태	문자나 언어 / 웹 로그, 텍스트 파일 형태
위치	DBMS, 로컬 시스템 등 내부	웹사이트, 모바일 플랫폼 등 외부
분석	통계 분석이 용이하다.	통계 분석이 어렵다.

정형 데이터 정형 데이터는 아래 표처럼 미리 만들어진 형식 또는 틀에 저장되는 데이터를 말합니다. 예를 들어, [Name]이라는 열이 있고 'Jen'과 'Garou'라는 값이 포함되어 있다면 누가 봐도 그 값들은 이름이라는 것을 인식할 수 있고, [Age]라는 열에 '25', '40'과 같은 숫자 가 포함되어 있다면 나이라고 인식할 것입니다.

No.	Name	Age	Tel
1	Jen	25	010-0000-0001
2	Garou	40	010-0000-0002

▲ 정형 데이터

정형 데이터는 보통 행과 열로 이루어진 표 안에 저장할 수 있어 규칙적으로 구조화된^{Structured} 데이터입니다. 보통 숫자와 문자로 구성되어 데이터의 값이 가지는 의미를 파악하기 쉬운 편 입니다. 정형 데이터는 일반적으로 관계형 데이터베이스 관리 시스템^{RDBMS}에 저장됩니다.

관계형 데이터베이스 관리 시스템 데이터베이스 관리 시스템$^{DBMS, Database Management System}$이 란 말 그대로 규칙적으로 구조화된 데이터인 데이터베이스를 관리하는 시스템입니다. 여기 에 관계^{Relational}가 추가된 것이 RDBMS, 즉 관계형 데이터베이스 관리 시스템$^{Relational Database Management System}$입니다.

RDBMS는 구조화된 여러 데이터를 생성 및 갱신하고 관리하는 시스템입니다. 서로 다른 데 이터베이스에서 '키^{key}'라는 고유 ID를 이용해 서로의 연관성을 확인할 수 있고, 연관된 데이터 를 함께 조회할 수 있습니다. 일반적으로 클라이언트에서 요청을 보내면 서버에서 처리해 주 는 클라이언트^{Client}/서버^{Server} 구조로, 통칭 C/S 구조라고 부릅니다. 이때 요청에 사용되는 언 어가 SQL입니다.

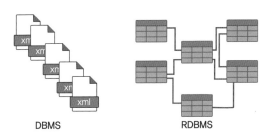

▲ DBMS vs. RDBMS

SQL SQL^{Structured Query Language}은 직역하면 '구조화된 쿼리 언어'라는 뜻입니다. 일종의 컴퓨터와 소통할 수 있는 수단으로, 데이터베이스 관리 시스템^{DBMS}과 통신하기 위한 목적으로 만들어진 언어입니다.

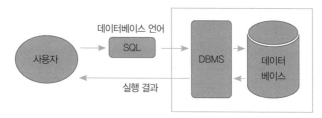

▲ SQL을 이용한 데이터 조회

비정형 데이터 비정형 데이터는 정형 데이터의 반대 개념으로, 정해진 규칙이 없어서 값의 의미를 쉽게 파악하기 어려운 데이터입니다. 문자, 음성, 영상과 같은 데이터가 비정형 데이터 범위에 속하는데, 구조화된 정형 데이터에 비해 그 종류와 크기, 범위가 매우 다양하고 방대합니다. 이제 의미를 분석하기 힘들었던 수많은 비정형 데이터를 분석할 수 있는 기술이 발전하면서 비정형 데이터를 기반으로 한 빅데이터의 시대가 개막했다고 보기도 합니다.

	정형 데이터	비정형 데이터
구조화 여부	행과 열이 있으며, 미리 정의된 구조에 맞춰 넣을 수 있다.	행과 열에 맞춰서 넣을 수 없다.
정성 vs. 정량	정량적인 데이터가 많다.	종종 정성 데이터로 분류되어 기존 도구로 처리 및 분석할 수 없다.
데이터 저장 공간	정리 및 압축되어 비교적 적은 저장 공간이 필요하다.	더 많은 공간이 필요하다.
분석 용이성	검색이나 분석이 용이하다.	사전에 정의된 구조가 없어 검색이나 분석이 어렵다.
형식	일반적인 문자와 숫자 형식이다.	다양한 형태, 크기, 범위로 이루어져 있다.

반정형 데이터 반정형 데이터에서 '반'은 'Semi', 즉 완전한 정형이 아니라 약한 정형 데이터라는 의미입니다. 반정형 데이터는 일반적인 데이터베이스는 아니지만 일련의 스키마^{Schema}를 가지고 있는 데이터입니다. 스키마란 데이터베이스의 구조와 제약 조건에 관해 전반적인 명세를 기술한 것으로, 어떤 구조로 데이터가 저장되어 있는가를 설명하는 정보입니다.

일반적으로 데이터베이스는 데이터를 저장하는 장소와 스키마가 분리되어 있어서 표를 생성하고 데이터를 저장하는 방식입니다. 하지만 반정형 데이터는 한 문서 파일에 이러한 정보를 모두 출력합니다. 대표적으로 HTML이나 XML과 같은 데이터를 반정형 데이터 범위에 넣을 수 있으며, 스마트폰으로 촬영한 사진은 비정형 데이터인 이미지지만, 콘텐츠와 태그, 지정된 시간, 위치, 내용 정보처럼 구조화된 정보가 포함되어 있으므로, 반정형 데이터라고 할 수도 있습니다.

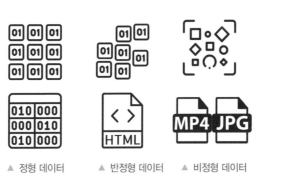

▲ 정형 데이터　　▲ 반정형 데이터　　▲ 비정형 데이터

양질의 데이터 소스 구하기

연구자가 직접 수집한 데이터는 1차 데이터로 간주되며, 이미 수집되어 다른 사람들이 분석하고 공유할 수 있도록 만든 데이터는 2차 데이터라고 합니다. 예를 들어, 공공데이터포털data.go.kr의 데이터는 사람들이 분석하고 활용할 수 있도록 만든 대표적인 2차 데이터입니다.

사용자는 데이터를 활용하기 전에 데이터의 출처나 소스를 파악해야 하며, 2차 데이터를 사용한다면 보조 데이터를 사용했을 가능성이 있으므로 평판이 좋은 출처의 데이터인지, 사용할 수 없는 것은 아닌지, 데이터 세트가 현재 작업에 적합한지, 집계 및 정규화가 되는지 등과 같은 몇 가지 간단한 질문을 통해 데이터의 품질을 높일 수 있습니다.

체계적인 데이터 유지 관리의 필요성

데이터 관리는 세부 작업과 후속 조치를 하는 데 많은 수고가 듭니다. 설문 조사 응답과 같이 상대적으로 적은 데이터 세트를 활용하든지, 많은 데이터를 사내 데이터베이스에 쌓아 두고 활용하든지, 어떤 상황에서나 체계적으로 데이터의 품질을 유지하는 일은 중요합니다. 데이터의 품질이 온전히 유지될 때 비로소 제대로 된 데이터 활용과 분석 작업이 원활해지기 때문입니다.

저품질 데이터 유형	저품질 데이터 활용 시 발생할 수 있는 문제점
필수 데이터 값 누락	**프로세스 수행 결과의 정확도 저하** 예 재고, 납품 소요일 관리 미흡으로 인한 생산 관리 시스템 정확도 저하
업무상 유효한 형식 및 값 미준수	**프로세스 중 정보 단절 및 연계 어려움** 예 제품 구매 그룹 누락으로 거래 지연 발생
동일한 데이터 중복	**경영 정보 정확도 저하** 예 정확하지 않은 정보로 분류/집계 정확도 저하
시스템 간 데이터 불일치	
필요한 시점에 데이터 제공 누락	

패턴을 통한 인사이트의 발견

데이터는 우리에게 꽤 많은 이야기를 합니다. 데이터 속에 숨겨진 함의나 변수 간의 관계를 찾는 것을 '데이터에서 인사이트를 발견한다'라고 표현하며, 데이터에서 인사이트를 발견하기 위한 가장 기초적인 작업이 바로 '패턴'을 찾는 일입니다. 전체 데이터에서 새롭게 발생한 이슈나 가장 흔하게 발생하는 이슈, 또는 기존의 흐름과 동떨어진 현상 등에서 패턴을 쉽게 찾아볼 수 있습니다.

올바른 공유의 책임감

데이터의 해석 결과는 사회의 여론이나 조직의 의사 결정에 영향력을 발휘하는 만큼 데이터를 해석하고 공유하는 사람에게는 그에 따른 책임감과 높은 이해력이 요구됩니다.

아래 사례는 동일한 영어 점수 데이터로 그래프를 표현한 작업입니다. 이 중에서 첫 번째 그래프를 공유한다면 '남학생과 여학생의 수학 점수 평균 차이가 엄청나구나!'라고 생각할 것이고, 두 번째 그래프를 공유한다면 '남학생이 여학생보다 조금 더 영어를 잘하지만, 큰 차이는 없네!'라고 생각할 것이고, 세 번째 그래프를 공유한다면 '남녀 학생 간 영어 점수에 큰 차이는 없지만 중하위권에서는 여학생이, 일부 상위권에서는 남학생이 조금 더 높구나!'라고 생각할 것입니다.

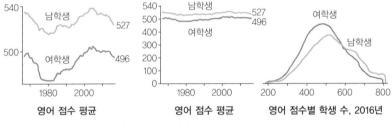

▲ 동일한 데이터를 각기 다른 기준으로 시각화한 사례

이처럼 사용한 단위나 표현 방식에 따라 결과를 바라보는 해석이 달라질 수 있습니다. 그러므로 다음과 같은 물음에 스스로 답해 본 후에 데이터를 공유하는 것이 좋습니다.

- 공유하려는 내용을 제대로 이해하고 있는 것이 맞는가?
- 듣는 사람이 핵심을 파악할 수 있도록 제대로 공유할 수 있는가?

- 데이터로 얻은 변수 간의 관계는 인과관계인가, 상관관계일 뿐인가?

  Link 인과관계와 상관관계의 차이는 209쪽을 참조하세요.

지속 가능한 데이터 활용의 조건

데이터는 정답을 제시하지 않습니다. 데이터를 활용하는 사람은 정답이 아닌, 새로운 인사이트를 얻기 위해 계속해서 배워야 합니다. 또한 데이터가 어떤 식으로 잘못 사용될 수 있는지를 알아야 하며, 의도적으로 데이터를 편향되게 편집하는 방법으로 악용될 수 있다는 것을 알아야 합니다. 끝으로, 어떻게 데이터를 활용할 수 있는지를 제대로 이해해야 합니다.

4차 산업혁명의 시대, 쏟아져 나오는 데이터를 파도에 비유하자면, 그 파도를 마주하는 사람을 다음과 같이 4가지 유형으로 분류할 수 있습니다. 이들 중 데이터 리터러시는 바로 넷째 유형의 사람을 가리키는 말입니다.

- 첫째, 예상치 못한 파도와 마주해 파도에 대항하려다 결국 가라앉는 사람
- 둘째, 파도를 예상하지 못했으나, 파도에 적응하여 목만 내놓고 여기저기 휩쓸려 떠다니는 사람
- 셋째, 파도에 대비하여 돛단배를 만들어 둔 사람
- 넷째, 파도를 극복해 파도를 기다리며 서핑하는 사람

📊 데이터 리터러시를 이루는 역량 이해하기

데이터 리터러시는 데이터Data 자체를 다루는 능력, 데이터로부터 올바른 정보를 얻는 능력, 정보Information를 활용하고 판단할 수 있는 기준이 되는 도메인 지식Domain Knowledge, 도출된 결과를 온전히 활용하고 문제를 해결할 지혜Wisdom로 구성됩니다.

데이터 리터러시의 하위 역량

데이터 리터러시의의 하위 역량으로는 데이터를 다루는 순서에 따라 기획, 데이터 수집, 데이터 관리, 가공 및 분석, 시각화가 있습니다.

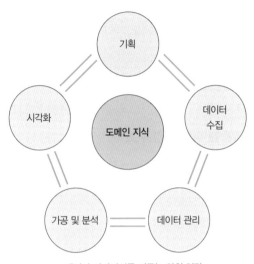

▲ 데이터 리터러시를 이루는 하위 역량

- **기획**: 현재 문제를 정의하고 무엇을 하고 싶은지 파악한 후 문제 해결을 위한 가설을 설정하고, 가설이 적절한지 판단할 수 있어야 합니다.
- **데이터 수집**: 문제를 해결하기 위해서 어떤 데이터가 필요한지, 수집할 수 있는 데이터인지, 데이터 수집을 위해 무엇이 필요한지 생각해야 합니다.
- **데이터 관리**: 수집한 데이터의 출처가 깨끗하고 사용 가능한 것인지, 데이터에 오류나 변수가 얼마나 포함되어 있는지, 누락된 데이터는 없는지 판단해야 합니다. 또한 데이터의 양이 방대하다면 효율적인 관리를 위해 인력 확보도 고려해야 합니다.
- **가공 및 분석**: 현재 데이터 세트가 하고자 하는 작업에 적합한지, 데이터 세트로 무엇을 알아낼 수 있는지, 데이터를 분석한 결과가 유의미한 것인지, 가설을 검증할 수 있는지에 대해 판단할 수 있어야 합니다.

- **시각화**: 데이터로 찾아낸 의미를 어떻게 전달할 것인지, 누구에게 어떤 방법으로 전달할지, 데이터를 모르는 사람도 한눈에 의미를 파악할 수 있는지 생각하고, 결과가 편향되지는 않았는지 판단할 수 있어야 합니다.

위와 같은 역량은 기본적으로 도메인 지식, 즉 배경 지식이 선행되어야 합니다. 모든 데이터를 다루는 데 있어서 이 데이터가 왜 필요한지, 어떠한 맥락에서 사용할 것인지 등을 알고 있어야 적절한 데이터를 선택하고 활용하는 기준점으로 삼을 수 있기 때문입니다.

올바른 데이터 활용을 위한 순환 구조

데이터 리터러시의 하위 역량은 단편적이고 일방적인 관계가 아닌, 지속적으로 반복하고 되돌아가는 순환 구조라고 할 수 있습니다. 데이터를 활용하려면 가장 먼저, **해결하고자 하는 문제를 명확하게 정의해야** 합니다. 그런 다음 그에 맞는 데이터를 수집하고 데이터에서 빠진 값이나 잘못 입력된 값 혹은 정상 범위를 벗어난 극단적인 값이 나오면 삭제하거나 적절한 예측값으로 대체하는 등 데이터 정제(전처리) 과정을 거칩니다. 그런 다음 데이터 분석에 들어갑니다. 그리고 가설을 세우고 그에 따라 분석 결과를 해석해서 결론을 내는데, 그 과정에서 원하는 결론을 얻지 못했거나, 가설과 다른 결과가 도출되면 다시 가설 설정 단계로 돌아갑니다. 가설 수립과 검증 작업을 끝없이 반복한 후에 결론을 얻었다면 개선 조치를 시행하고 마지막으로 평가를 합니다. 이 모든 작업은 하나의 정답이 아닌 '더 나은 결과'를 발견할 때까지 계속됩니다.

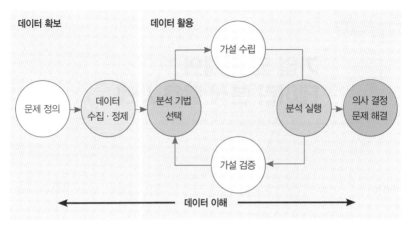

▲ 올바른 데이터 활용을 위한 순환 구조

데이터 리터러시 개념을 어느 정도 이해했다면 스스로에게 '나는 데이터로 말할 수 있는가?'라고 질문해 보세요. 데이터 리터러시는 데이터 소스 및 구성, 사용된 분석 방법 및 기술을 이해하고, 관찰한 결과 값을 설명할 수 있으며, 데이터를 읽고, 쓰고, 소통할 수 있는 능력을 포함합니다. 이 모든 것은 '데이터로 말할 수 있는가?'라는 간단한 질문으로 귀결됩니다.

기업 및 단체의
데이터 분석 활용 사례

데이터라는 언어로 이해하고 의사소통하는 능력은 디지털 시대에 누구나 갖춰야 할 기본 역량이자, 디지털 기반 비즈니스 조직에서 더 나은 성과를 창출하기 위해 요구되는 능력입니다. 데이터 분석, 인공지능 및 기계학습이 디지털 비즈니스의 새로운 핵심 요소로 등장하면서 생산자와 소비자가 공통된 방식으로 데이터를 말할 수 있는 능력이 그 어느 때보다 커졌기 때문입니다.

글로벌 리서치 기업인 가트너Gartner 의 데이터 애널리틱스 팀은 데이터 분석이 보편화되면서 데이터로 의사소통하고 데이터를 이해하는 능력이 조직의 새로운 준비 요소가 되었다고 말합니다. 조직의 다양한 데이터 소스를 해석하는 공통된 언어가 없다면, 데이터 및 분석 솔루션을 사용할 때 근본적인 커뮤니케이션 문제가 발생할 것이라고 예측한 것입니다.

특히 조직의 의사 결정권자 및 데이터 분석 리더라면 직원들이 데이터를 능숙하게 다룰 수 있는 업무와 데이터 리터러시 역량이 부족한 업무를 식별해 조직 전체의 데이터 활용 능력을 향상시키고 유지해야 합니다. 또한 데이터 기반 모범 사례를 적극 공유하고, 기술 교육 및 최종 인증을 통해 조직 전체의 역량을 높이는 데 앞장서야 합니다.

가트너에 따르면 강력한 데이터 활용 능력을 갖춘 대기업은 최대 5% 더 높은 기업 가치를 보여 준다고 합니다. 또한 현재 직무에서 데이터를 사용하는 사람들의 94%는 데이터가 업무를 더 잘 수행하는 데 도움이 된다는 데 동의하며, 82%는 데이터에 대해 잘 알고 있으면 직장에서 더 많은 신뢰를 얻을 수 있다고 생각합니다. 78%는 기회가 주어지면 데이터 기술 향상에 더 많은 시간과 데이터를 투자할 의향이 있다고 합니다. 데이터 활용은 무궁무진한 활용 가능성이 있는 경쟁력의 보고입니다. 여기서는 여러 기업이나 단체의 데이터 활용 사례와 그 효과를 살펴보겠습니다.

아마존 아마존은 고객들의 쇼핑 경험을 향상시키는 데 빅데이터를 적극 활용합니다. 예를 들어, 아마존에서는 빅데이터 분석 시스템을 통해 '18~45세 남성이면서 외국 영화를 즐겨 보며, 월 3000달러 이상의 수입을 가지고, 임대주택에 사는 고객'이 어떤 상품을 좋아할지 구체적으로 예측할 수 있습니다. 빅데이터로 예측한 추천 상품은 고객이 아마존에서 쇼핑을 하는 동안 배너 형태로 공개됩니다. 또한, 가격을 최적화하는 데에도 빅데이터를 활용합니다. 아마존은 경쟁 업체의 가격, 주문 내역, 예상 이익률, 웹사이트에서의 활동 등 방대한 데이터를 수집해 10분마다 가격을 최적화합니다. 이렇게 가격을 조정해 매년 25%의 수익률을 올린다고 합니다.

▲ 아마존

스타벅스 스타벅스 매장은 왜 좁은 반경에 두세 곳이 있어도 망하지 않을까요? 이러한 성공 역시 빅데이터와 연관이 있습니다. 스타벅스는 새로운 매장을 열기 전에 기존 매장의 위치, 상권, 교통 패턴, 지역 인구 통계 등의 데이터를 수집하고 분석해 최상의 입점 위치를 찾습니다. 또한, 신규 매장에 의해 기존 매장이 얼마나 매출 타격을 입게 될지도 예측해 낸다고 합니다. 이외에도 자체 애플리케이션을 이용해 소비자에 대한 데이터를 수집해서 개별 고객의 커피 취향부터 방문 예상 시간까지 파악하여 메뉴를 추천합니다.

▲ 스타벅스

자라 패션 회사들은 매년 광고에 엄청난 비용을 지출합니다. 하지만 자라는 광고를 하지 않습니다. 그 자신감의 원천은 바로 빅데이터입니다. 놀랍게도 자라 매장에서는 매일 데이터가 수집되고 있습니다. 자라의 모든 옷에는 RFID 태그가 붙어 있어 고객이 탈의실에서 가장 많이 입어 본 옷, 가장 많이 판매된 옷, 반응이 나쁜 옷이 무엇인지 알 수 있습니다. 자라 매장 직원들은 매일 이 태그 데이터를 정리하고, 이 데이터는 자라 본사의 디자이너에게 전달되어 새 옷을 디자인하는 데 참고합니다. 이처럼 고객 데이터에 기반해서 디자인이 정해지기 때문에 시장에서 외면당하는 경우가 드뭅니다.

▲ 자라

서울시 심야 시간대의 버스는 수익성이 좋지 않을 수밖에 없습니다. 그런 만큼 서울시에서는 최소의 비용으로 서울 시내 전역을 돌아다닐 수 있는 버스 노선을 구축하기 위해 KT와 합작해 빅데이터를 수집했습니다. 늦은 시간에 귀가할 때 사람들이 집이나 지인들에게 전화를 거는 습관에서 아이디어를 착안해 자정부터 오전 5시까지 서울 시내에서 발생하는 통신 데이터들을 수집하고 분석한 것입니다. 그리고 가장 많은 통신 데이터가 기록된 지역을 선별해 노선에 포함시켰습니다.

보스턴시 한때 보스턴에서는 파손된 도로를 파악하고자 직원들이 차를 타고 돌아다니는 방식을 활용했습니다. 하지만 보스턴은 매우 큰 도시이기 때문에 많은 관리 인력이 필요했고 빠른 대응이 어려웠습니다. 이에 미국 벤처회사인 애터비스타와 함께 운전자의 스마트폰과 자동차의 가속도계를 이용해 도로 노면이 파인 곳을 감지하고, 그 위치 데이터를 보스턴 도로관리국에 전송하는 스트리트범프라는 앱을 개발하게 됩니다. 그렇게 모인 데이터를 활용해 파손된 도로를 실시간으로 파악해 복구할 수 있게 되었고, 비용도 획기적으로 절감했습니다.

도어대시 미국의 음식 배달 업체 도어대시는 음식이 배달지에 도착하는 순간까지의 모든 데이터(음식점 실적, 평균 조리 시간, 현재 교통 상황, 배달하는 차량의 차종, 주차장 현황, 날씨 등)를 수집하고 분석합니다. 이 데이터를 활용해 배달 중에 발생할 수 있는 변수들을 예측하고, 배달 기사 배치 및 배달 서비스를 최적의 상태로 개선합니다. 덕분에 도어대시는 2020년 미국 배달 시장 점유율 50%를 넘어서 업계 1인자로 올라섰습니다.

▲ 도어대시

지금까지 살펴본 사례에서 알 수 있듯이 **데이터 기반 의사 결정은 비즈니스 성과를 현저하게 향상시킵니다.** 앞서 언급한 것처럼 데이터 리터러시는 꼭 전문가가 아니더라도 누구나 노력해서 갖출 수 있습니다. 그러므로 개인은 스스로 기술을 향상시키기 위해 노력하고, 기업은 이를 지원하여 변화를 주도할 수 있는 다양한 방법을 고려해야 할 것입니다.

2장

필요한 데이터,
어디서 찾고
어떻게 불러올까?

누구나 사용하는
공공데이터 활용하기

공공데이터란 데이터베이스나 전자화된 파일 등 공공 기관이 법령 등에서 정하는 목적을 위하여 생성하거나 취득하여 관리하는 자료나 정보를 의미하며, 재사용하거나 수정할 수 있는 데이터입니다.

> **Note** **공공데이터의 목적과 기대 효과**
>
> 2013년 공공데이터의 제공 및 이용 활성화에 관한 법률 시행 이후, 공공데이터 전략 위원회는 공공데이터 개방을 본격적으로 추진하였습니다.
>
> 정부는 공공 기관이 보유하거나 관리하는 데이터의 제공 및 이용 활성화에 관한 사항을 규정함으로써 국민의 공공데이터에 대한 이용권을 보장하고, 공공데이터의 민간 활용을 통한 삶의 질 향상과 국민 경제 발전에 이바지함을 목적으로 하고 있습니다. 실제로 공공데이터는 농업, 어업 등의 1차 산업부터 CT, IT, BT와 같은 첨단 기술 분야까지 광범위한 분야에서 활용할 수 있으므로 새로운 가치 창출이 용이합니다.
>
> 이렇듯 다양한 분야에서 많은 양의 데이터를 무료로 배포하는 활동으로 기대할 수 있는 효과는 다음과 같습니다.
>
> - 누구나 자유롭게 데이터를 활용한 서비스를 만들 수 있는 환경을 조성함으로써 다양한 산업의 부가 가치를 창출하여 국민 삶의 질을 재고할 수 있다.
> - 데이터 기반의 신규 서비스를 바탕으로 신규 산업, 일자리 창출을 통한 경제 활성화에 이바지할 수 있다.
> - 공공 기관 내부의 데이터를 공개함으로써 정부의 투명성과 공공 혁신의 기초가 될 수 있다.

정부에서는 공공데이터 개방 플랫폼에서 기계 판독이 가능한 통일된 포맷의 데이터를 제공합니다. 먼저 국내 및 글로벌 공공데이터 플랫폼을 살펴보고 여기서 제공하는 공공데이터를 활용해 보겠습니다.

🔲 국내 공공데이터 활용하기

가장 쉽고 편리하게 활용할 수 있는 '공공데이터포털'부터 대표적인 국내 공공
데이터 제공 플랫폼들을 살펴보겠습니다.

공공데이터포털www.data.go.kr 공공데이터포털은 공공 기관에서 생성하거나 취득
하여 관리하고 있는 공공데이터를 한곳에서 제공하는 통합 창구입니다. 누구
나 쉽고 편리하게 공공데이터를 이용할 수 있도록 파일 데이터, 오픈 API, 시
각화 이미지 등 다양한 형식으로 데이터를 제공하며, 검색으로 원하는 데이터
를 빠르고 정확하게 찾을 수 있습니다. 예를 들어, 관광지 날씨가 궁금하다면
공공데이터포털의 검색창에 '관광지 상세날씨'로 검색해 봅니다.

▲ 공공데이터포털의 기본 검색창과 검색 결과 목록

입력한 키워드에 따라 공공데이터 목록이 표시되며, 원하는 항목을 찾아 클릭
하면 '파일데이터 정보' 영역과 '미리보기' 영역에서 메타 정보와 데이터 내용
을 확인할 수 있습니다. '미리보기' 영역에서 데이터를 살펴본 후 찾고자 하는
자료가 맞다면 데이터 분석 등에 활용하기 위해 [다운로드] 버튼을 클릭합니다.

▲ 파일데이터 정보와 미리보기

다운로드한 파일은 앞서 메타 정보에서도 확인할 수 있듯 확장자가 CSV이며, CSV 파일은 엑셀에서 확인할 수 있습니다.

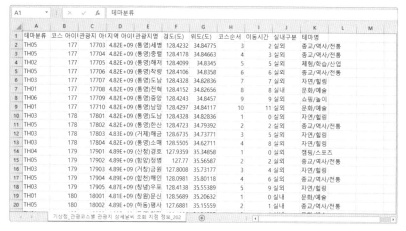

	A	B	C	D	E	F	G	H	I	J	K	L	M
1	테마분류	코스 아이[관광지 아[지역 아이[관광지명				경도(도)	위도(도)	코스순서	이동시간	실내구분	테마명		
2	TH05	177	17703	4.82E+09	(통영)세병	128.4232	34.84775	3	2	실외	종교/역사/전통		
3	TH05	177	17704	4.82E+09	(통영)충렬	128.4178	34.84663	4	3	실외	종교/역사/전통		
4	TH02	177	17705	4.82E+09	(통영)해저	128.4099	34.8345	5	5	실외	체험/학습/산업		
5	TH05	177	17706	4.82E+09	(통영)착량	128.4106	34.8358	6	6	실외	종교/역사/전통		
6	TH03	177	17707	4.82E+09	(통영)도남	128.4328	34.82836	7	7	실외	자연/힐링		
7	TH01	177	17708	4.82E+09	(통영)해혁	128.4152	34.82656	8	8	실내	문화/예술		
8	TH06	177	17709	4.82E+09	(통영)중앙	128.4243	34.8457	9	9	실외	쇼핑/놀이		
9	TH01	177	17710	4.82E+09	(통영)남망	128.4297	34.84117	10	11	실외	문화/예술		
10	TH03	178	17801	4.82E+09	(통영)도남	128.4328	34.82836	1	0	실외	자연/힐링		
11	TH03	178	17802	4.82E+09	(거제)한산	128.4723	34.79392	2	2	실외	종교/역사/전통		
12	TH03	178	17803	4.83E+09	(거제)해금	128.6735	34.73771	3	5	실외	자연/힐링		
13	TH03	178	17804	4.82E+09	(거제)소매	128.5505	34.62711	4	8	실외	자연/힐링		
14	TH04	179	17901	4.89E+09	(산청)경호	127.9359	35.34858	1	0	실외	캠핑/스포츠		
15	TH03	179	17902	4.89E+09	(함양)정병	127.77	35.56587	2	2	실외	종교/역사/전통		
16	TH03	179	17903	4.89E+09	(거창)금원	127.8008	35.73177	3	4	실외	자연/힐링		
17	TH05	179	17904	4.89E+09	(합천)해인	128.0981	35.80118	4	6	실외	종교/역사/전통		
18	TH03	179	17905	4.87E+09	(창녕)우포	128.4138	35.55389	5	9	실외	자연/힐링		
19	TH01	180	18001	4.81E+09	(창원)문신	128.5689	35.20632	1	0	실내	문화/예술		
20	TH05	180	18002	4.89E+09	(하동)평사	127.6881	35.15559	2	1	실내	종교/역사/전통		

기상청_관광코스별 관광지 상세날씨 조회 지점 정보_202

▲ 공공데이터포털에서 다운로드한 CSV 파일

공공데이터포털에서는 위와 같이 검색으로 필요한 데이터를 찾는 방법 이외에도 모든 기관이 보유한 개방 가능한 데이터의 소재 정보 및 연관 관계를 검색하여 찾을 수 있는 국가데이터맵(www.data.go.kr/tcs/opd/ndm/view.do)을 제공합니다.

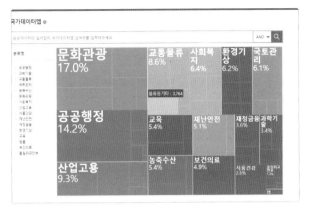

▲ 국가데이터 맵

서울 열린데이터 광장data.seoul.go.kr 서울 열린데이터 광장은 서울시와 연계된 기관의 공공데이터를 활용할 수 있는 플랫폼입니다.

▲ 서울 열린데이터 광장 기본 검색창과 검색 결과 목록

공공데이터포털과 동일하게 검색창에서 찾고자 하는 자료의 키워드를 입력해서 검색하고, 검색 결과 목록이 나타나면 원하는 항목을 클릭합니다. '데이터 정보' 영역과 '미리보기' 영역에서 데이터 정보와 데이터 내용을 확인할 수 있으며, 미리보기에서 확인한 데이터가 찾고자 하는 것이 맞다면 원하는 파일 형식의 [내려받기] 버튼을 클릭합니다.

▲ 데이터 정보와 미리보기

이외에도 서울 열린데이터 광장 홈페이지에서는 다음과 같이 다양한 부가 서비스를 제공합니다.

- **서울통계 간행물**: 홈페이지 상단 메뉴에서 [통계]−[서울통계 간행물]을 클릭하면 주민등록인구, 지역내총생산 등 간행물 형태의 통계 정보를 다운로드할 수 있습니다. 서울통계 간행물 페이지가 열리면 원하는 정보에서 아크로뱃 아이콘을 클릭하여 PDF 파일을 다운로드할 수 있으며, 그래프와 표로 구성된 통계 정보를 확인할 수 있습니다.

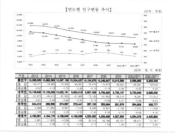

▲ 서울통계 간행물 페이지와 다운로드한 PDF 파일

- **서울 시민 데이터**: 홈페이지 상단 메뉴에서 [통계]−[서울의 하루]를 클릭하면 서울 시민의 다양한 데이터를 엑셀 파일로 다운로드할 수 있습니다. 다음과 같이 서울의 하루 페이지가 열리면 [조회대상] 옵션에서 연도를 선택하여 출생, 사망, 혼인 등의 데이터를 확인하고, 연도를 지정한 후 [내려받기] 버튼을 클릭합니다.

▲ 서울 시민 데이터

국가통계포털kosis.kr 국가통계포털KOSIS은 국내 · 국제 · 북한의 주요 통계를 한 곳에 모아 이용자가 원하는 통계를 한 번에 찾을 수 있도록 통계청이 제공하는 서비스입니다. 국가통계포털의 자료가 워낙 방대하므로 기본 검색창보다는 메뉴에서 원하는 주제를 선택하는 것이 좋습니다. 상단 메뉴에서 **[국내통계]** − **[주제별 통계]**를 클릭해 봅니다.

▲ 국가통계포털 홈페이지와 기본 검색창과 [주제별 통계] 메뉴

주제별 통계 페이지가 열리고, '인구', '사회일반' 등 상위 주제가 표시되면 원하는 주제를 클릭해서 다시 하위 주제별 원하는 데이터를 선택하면 됩니다.

▲ 하위 주제와 선택한 주제에 따른 데이터 목록

선택한 데이터에 따라 다음과 같이 데이터 화면이 열리면 왼쪽 위에 있는 **[조회 설정]** 버튼을 클릭하고 세부적으로 원하는 항목만 선별해서 확인할 수 있습니다. 항목, 통계분류, 시점을 모두 선택했다면 **[조회]** 버튼을 클릭해야 선택한 항목이 적용됩니다.

▲ '조회설정' 창에서 데이터 항목을 세부적으로 선택할 수 있습니다.

데이터를 확인한 후 오른쪽 위에 있는 [다운로드] 버튼을 클릭하면 '다운로드' 창이 열리고, 여기서 원하는 파일 형태를 선택한 후 창에 있는 [다운로드] 버튼을 클릭합니다. 다운로드한 엑셀 파일을 실행하면 [데이터] 시트와 함께 데이터 정보를 확인할 수 있는 [메타정보] 시트도 포함되어 있습니다.

e-나라지표 www.index.go.kr e-나라지표는 국가 정책 수립, 점검 및 성과 측정 등을 목적으로 중앙행정기관이 선정하고 관리하는 주요 지표를 제공하는 통계 정보 시스템입니다. 상단 메뉴에서 [지표 보기]를 클릭한 후 하위 메뉴 중 원하는 지표를 클릭하면 해당 지표 목록이 나타납니다.

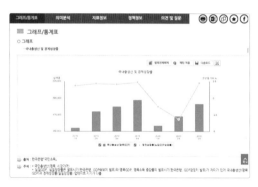

서비스 소개	지표 보기	지표상황판	참여마당	안내마당	마이페이지
e-나라지표 소개	부처별/영역별	부처별 상황판	개선의견	지표소식	나의관심지표
e-나라지표 체계	최신지표	키워드별 상황판	자주하는질문	공지사항	참여내역
이용가이드	인기지표		신규 나라지표 추천	홍보관	최근검색어
운영정책	지표비교				

지표 목록에서 원하는 지표를 클릭하면 다음과 같이 그래프와 통계표를 확인

할 수 있고 **[다운로드]** 버튼을 클릭해서 이미지 파일로 저장할 수도 있습니다.

▲ 그래프/통계표

글로벌 공공데이터 활용하기

국내가 아닌 해외 동향을 파악할 자료가 필요하다면 다음과 같은 글로벌 공공

데이터 플랫폼을 활용할 수 있습니다.

TIP 여기서 소개하는 글로벌 플랫폼 이외에도 앞서 소개한 국내 공공데이터포털(www.data.go.kr)에서
미국 등 글로벌 공공데이터를 검색하여 활용할 수도 있습니다.

세계은행 data.worldbank.org 세계은행에서는 세계 각국의 경제지표를 국가별로 검

색하여 추출할 수 있습니다. 기본 검색창에 'Korea, Rep.'로 검색하면 한국

의 GDP 등 국가 데이터를 확인할 수 있으며, 오른쪽에 있는 'Download'

영역에서 파일 종류를 클릭하여 데이터를 다운로드할 수 있습니다.

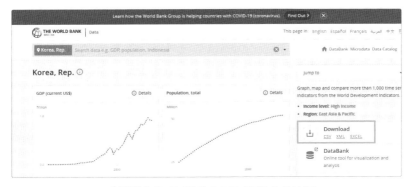

▲ 세계은행에서는 국가별 경제지표를 확인할 수 있습니다.

OECD 데이터 data.oecd.org   경제협력개발기구OECD 데이터 웹사이트에서는 코로나19, 기후변화와 같은 글로벌 이슈 및 각국의 산업 및 경제 동향에 대한 데이터를 구할 수 있습니다. 데이터별 분류는 상단의 주제topics별 또는 나라countries별 메뉴를 통해 자세하게 탐색해 볼 수 있습니다. 개별 국가 데이터 외에도 나라별로 산업 및 경제, 교육 및 문화 데이터 등을 비교하거나 평균을 낸 자료 등도 찾아볼 수 있습니다.

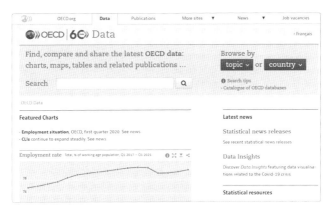

▲ OECD 데이터

DataSF datasf.org/opendata   샌프란시스코에서 제공하는 데이터를 확인할 수 있습니다. 상단 기본 검색창에서 원하는 키워드로 검색하거나 홈페이지 메인 화면에 있는 카테고리를 이용하여 원하는 데이터를 찾습니다. 데이터의 상세 페이지에서 [Export] 버튼을 클릭한 후 원하는 형식의 버튼을 클릭하면 데이터를 다운로드할 수 있습니다.

▲ DataSF

데이터 크롤링으로
웹페이지 데이터 수집하기

웹상의 데이터를 자동으로 수집하는 데이터 크롤링Data Crawling은 흔히 파이썬과 같은 프로그래밍 언어를 알아야 가능할 거라 생각하지만, 엑셀의 **파워 쿼리** 기능을 이용하면 클릭 몇 번으로 많은 데이터를 자동으로 불러와서 편집하고, 수정하고, 분석할 수 있습니다.

엑셀 파워 쿼리 준비하기

파워 쿼리는 엑셀 2016 이상 혹은 Microsoft 365(이하 M365)에는 기본으로 탑재되어 있습니다. 엑셀의 '홈', '아카데미' 버전에서는 지원하지 않고, 기업용인 '프로페셔널' 버전에서만 사용할 수 있습니다.

엑셀 2010/2013의 [파워 쿼리] 탭　엑셀 2013 이하에서는 bit.ly/excel_query에 접속하여 사용 중인 환경에 따라 파일을 다운로드한 후 설치하면 다음과 같이 **[파워 쿼리]** 탭이 추가됩니다.

▲ 엑셀 2013 버전의 [파워 쿼리] 탭

M365 엑셀의 [데이터] 탭 엑셀 2016 이상 혹은 M365 엑셀에서는 [데이터] 탭에서 파워 쿼리 기능을 사용할 수 있습니다.

▲ M365 버전의 [데이터] 탭

음악 순위 데이터 크롤링하기

엑셀 파워 쿼리를 사용할 준비가 되었다면 음악 스트리밍 사이트에서 음악 순위 크롤링을 실습해 보겠습니다. 웹데이터를 크롤링하려면 우선 해당 웹페이지의 URL 주소를 알아야 합니다.

01 URL 복사하기 크롤링할 웹페이지에서 원하는 데이터가 있는 페이지로 이동합니다. 실습에서는 멜론(www.melon.com)에서 월간 발라드 순위 페이지로 이동했습니다. 웹브라우저에서 URL을 선택한 후 [마우스 우클릭] 후 [복사]를 선택해서 URL 주소를 복사합니다.

02 **엑셀에서 크롤링하기** 엑셀을 실행한 후 [데이터] 탭 – [데이터 가져오기 및 변환] 그룹에서 [데이터 가져오기]를 클릭한 후 [기타 원본에서] – [웹]을 선택합니다.

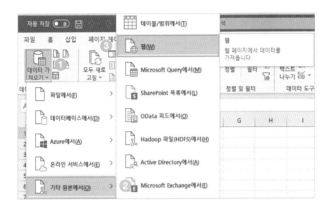

03 팝업 창이 열리면 [URL] 입력란을 클릭하고 Ctrl + V 를 눌러 앞서 복사한 URL 주소를 붙여 넣은 후 [확인] 버튼을 클릭합니다.

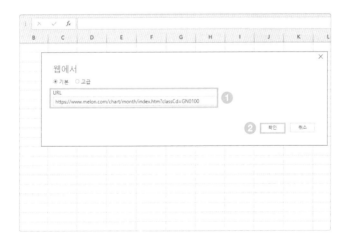

04 잠시 기다리면 다음과 같은 '탐색 창'이 열리고, 왼쪽 '표시 옵션' 영역에서 가장 아래쪽에 있는 목록을 선택합니다. 오른쪽 미리보기를 확인한 후 **[로드]** 버튼을 클릭합니다.

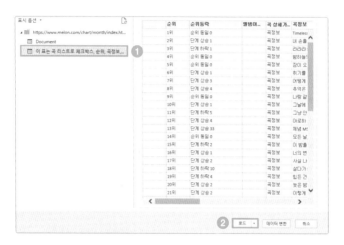

TIP '탐색 창'에서 [데이터 변환]을 클릭하면 엑셀 파워 쿼리 편집기가 실행되며, 데이터를 편집한 후 엑셀로 불러올 수 있습니다.

Link 파워 쿼리 편집기 사용 방법은 이후 64쪽에서 자세히 다룹니다.

05 URL을 복사했던 웹페이지에 있던 데이터가 엑셀 표 형태로 열립니다.

2.3

API로 빅데이터를 손쉽게 불러오기

API^{Application Programming Interface}는 운영체제나 프로그래밍 언어에서 파일 제어, 창 제어, 화상 처리, 문자 제어 등을 처리할 수 있는 인터페이스입니다. 쉽게 말해, API는 프로그램들이 서로 커뮤니케이션할 수 있도록 돕는 중간 장치라고 생각하면 됩니다. 예를 들어 기상청 API를 사용하여 네이버 등의 포털에서 기상청의 날씨 데이터를 제공하는 것입니다. 그렇다면 일반적인 파일 형태로 데이터를 주고받을 수도 있는데, 왜 굳이 API를 사용하는 걸까요?

일반적인 파일 형태의 데이터는 다운로드한 후 데이터에 변동 사항이 생겼을 때 최신 데이터로 유지하기 위해 다시 다운로드해서 관리해야 하는 번거로움이 있습니다. 하지만 API는 파일을 다시 다운로드하는 과정 없이 지속적으로 업데이트됩니다. 파일 형태의 다운로드 방법이 우물가에서 물을 길어오는 방법이라면 API는 수도관을 연결한 후 밸브만 열어서 자유롭게 사용하는 방법이라고 할 수 있습니다.

사용자   데이터 제공자

API를 사용하기 위해서는 인증 절차가 필요하며, 그 과정 중에 인증키라는 것이 필요합니다. 이어지는 실습을 통해 API를 사용하기 위한 절차와 인증키 발급에 대해 알아보겠습니다.

📊 공공데이터 사용을 위한 API 사용 신청하기

대표적인 공공데이터 제공 플랫폼인 공공데이터포털에서도 CSV와 같은 파일 형태가 아닌 API를 제공하며, 이 API를 활용하여 엑셀 데이터를 불러올 수 있습니다. 우선 API를 사용하기 위한 신청 방법부터 알아보겠습니다.

01 공공데이터포털(www.data.go.kr)에 접속한 후 오른쪽 위에 있는 [로그인]을 클릭하여 로그인합니다.

TIP 공공데이터포털에 가입되어 있지 않다면 [로그인]을 클릭한 후 로그인 화면에서 [회원가입]을 클릭하여 회원 등록부터 해야 API 사용 요청을 할 수 있습니다.

02 기본 검색창에서 필요한 자료를 검색합니다. 실습에서는 '국민연금공단 국민연금 가입 사업장 내역'으로 검색했습니다.

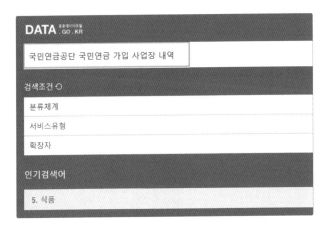

03 검색 결과 화면이 나타나면 상단 분류에서 [오픈 API] 탭을 클릭하여 오픈 API 목록만 표시하고, [국민연금공단_국민연금 가입 사업장 내역]을 클릭합니다.

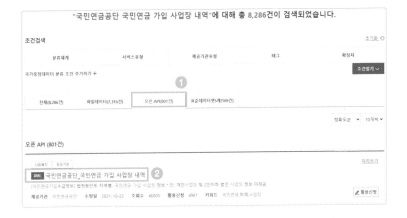

04 선택한 데이터의 오픈 API 상세 화면이 열리면 **[참고문서]**에 있는 링크를 클릭하여 파일을 다운로드해 놓습니다. 이어서 해당 API에 대한 사용 신청을 위해 오른쪽 위에 있는 **[활용신청]** 버튼을 클릭합니다.

05 OpenAPI 개발계정 신청 화면이 열리면 '활용목적 선택' 영역에서 **[활용목적]** 중에 적당한 항목을 선택하고 대략적인 내용을 작성합니다.

06 '상세기능정보 선택' 영역에서 사용할 기능에 모두 **[체크]**하고, '라이선스 표시' 영역에서 **[이용허락범위]** 옵션의 동의 여부를 **[체크]**한 후 **[활용신청]** 버튼을 클릭합니다. 이어서 팝업 창이 열리면 **[확인]** 버튼을 클릭합니다.

07 잠시 후 화면 오른쪽 위에 있는 **[마이페이지]**를 클릭하면 개발계정 화면에 신청, 활용, 중지 건수와 활용신청 승인 목록이 보입니다. 앞서 신청한 항목을 클릭합니다.

08 개발계정 상세보기 화면이 열리면 '서비스정보' 영역에 있는 **[일반 인증키 (Encoding)]**에서 인증키를 복사해서 메모장 등에 붙여 넣습니다. 이것으로 API를 사용하기 위한 준비가 끝났습니다.

TIP Encoding 인증키는 웹 브라우저에서 API를 호출할 때 이용하며, Decoding 인증키는 프로그래밍(코딩) 중에 사용합니다.

📊 엑셀로 API 데이터 가져오기

API 데이터를 엑셀로 가져오려면 참고문서와 인증키가 필요합니다. 앞에서 준비한 참고문서와 인증키를 이용하여 엑셀에서 API 데이터를 불러온 후 파워 쿼리를 이용해 간단한 데이터 정제 과정까지 진행해 봅니다.

01 API 요청 메시지 작성하기 앞서 다운로드한 참고문서를 열고 목차(2쪽 또는 3쪽)를 보면, 서비스의 API를 작동시키기 위한 '오퍼레이션 목록' 이 8쪽부터 시작되는 것을 확인할 수 있습니다.

02 참고문서 8쪽으로 이동해서 '오퍼레이션 목록'에 있는 내용들을 살펴봅니다. 스크롤을 더 내려 보면 '요청/응답 메시지 예제'(10쪽)가 나타납니다. 여기서 [REST(URI)]에 있는 주소 부분을 선택한 후 복사합니다.

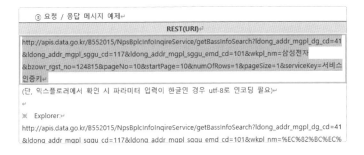

③ 요청 / 응답 메시지 예제

REST(URI)

http://apis.data.go.kr/B552015/NpsBplcInfoInqireService/getBassInfoSearch?ldong_addr_mgpl_dg_cd=41&ldong_addr_mgpl_sggu_cd=117&ldong_addr_mgpl_sggu_emd_cd=101&wkpl_nm=삼성전자&bzowr_rgst_no=124815&pageNo=10&startPage=10&numOfRows=1&pageSize=1&serviceKey=서비스인증키

(단, 익스플로러에서 확인 시 파라미터 입력이 한글인 경우 utf-8로 인코딩 필요)

※ Explorer:
http://apis.data.go.kr/B552015/NpsBplcInfoInqireService/getBassInfoSearch?ldong_addr_mgpl_dg_cd=41&ldong_addr_mgpl_sggu_cd=117&ldong_addr_mgpl_sggu_emd_cd=101&wkpl_nm=%EC%82%BC%EC%

03 메모장을 열고, 위에서 복사한 주소를 붙여 넣습니다. 그런 다음 마지막에 있는 '서비스인증키' 텍스트를 선택해서 삭제합니다.

04 API 사용 신청 후 복사해 놓은 인증키를 '서비스인증키' 텍스트가 있던 자리에 붙여 넣습니다. 이렇게 하면 API 요청을 위한 메시지가 완성됩니다. API 요청 메시지를 모두 선택한 후 복사합니다.

05 **엑셀에서 API 불러오기** 엑셀에서 [데이터] 탭 – [데이터 가져오기 및 변환] 그룹에서 [데이터 가져오기] – [기타 원본에서] – [웹]을 선택합니다.

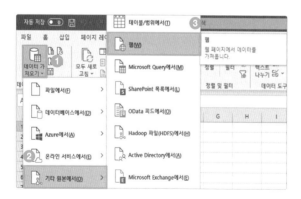

06 '웹에서' 대화상자가 열리면 [URL] 입력란에 API 요청 메시지를 붙여 넣고, [확인] 버튼을 클릭합니다.

07 '탐색 창'이 열리면 왼쪽 표시 옵션 목록에서 [body]를 선택하고 [데이터 변환] 버튼을 클릭합니다.

TIP API는 해당 데이터의 다양한 정보를 모두 포함하고 있습니다. 그러므로 바로 데이터를 불러오는 것보다 파워 쿼리 편집기에서 데이터 정제 과정을 거쳐 필요한 데이터만 불러오는 것이 좋습니다.

Link 데이터 정제에 대한 자세한 설명은 60쪽을 참고합니다.

08 파워 쿼리 편집기가 열리면 [items] 열에서 [마우스 우클릭] 후 [다른 열 제거]를 선택합니다.

> **Note** [item] 열만 남기는 이유
>
> 데이터를 불러왔을 때 실제 데이터가 들어있지 않아 의미 없는 정보를 제거해 데이터를 정제합니다. 파워 쿼리 편집기에서 데이터 포함 여부는 [확장/집계] ◄► 버튼의 유무로 알 수 있으므로 위 API 데이터에는 [item] 열에만 데이터가 포함되어 있다고 볼 수 있습니다. [확장/집계] 버튼 이외에도 위 그림에서 1행에 표시된 [Table]처럼 하이퍼링크가 있는 열에는 데이터가 포함되어 있다고 판단할 수 있습니다.

09 [items] 열만 남고 나머지 열이 모두 제거했다면 열 머리글 오른쪽에 있는 [확장/집계] ◄► 버튼을 클릭한 후 [원래 열 이름을 접두사로 사용]을 [체크 해제]합니다. 이어서 [확인] 버튼을 클릭합니다.

> **TIP** [원래 열 이름을 접두사로 사용]에 [체크 해제]함으로써 머리글(헤더)에 기존 열 이름이 붙지 않아 데이터가 더 명확하고 깔끔하게 정리됩니다.

10 [확장/집계] 버튼을 클릭했더니 다시 다른 항목들이 나타납니다. 한 번 더 [원래 열 이름을 접두사로 사용]을 [체크 해제]하고 [확인] 버튼을 클릭합니다.

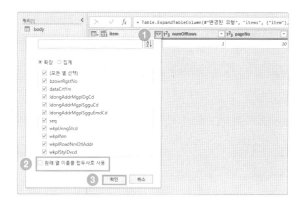

11 기본적인 데이터 정제가 끝났습니다. 이제 파워 쿼리 편집기에서 [홈] 탭 – [닫기] 그룹에 있는 [닫기 및 로드]를 클릭합니다.

12 정제한 데이터가 엑셀 시트에 표시됩니다. 참고문서의 9쪽에 있는 '응답 메시지 명세' 정보와 엑셀 시트를 비교해서 내용을 확인해 봅니다.

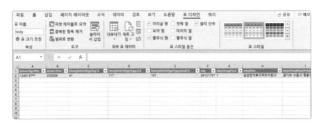

numOfRows		행갯수		0	1	행갯수

• ② 응답 메시지 명세

항목명(영문)	항목명(국문)	항목크기	항목구분	샘플데이터	항목설명
dataCrtYm	자료생성년월	6	1	월별 누적데이터로 조회시점에 따라 해당 월 표출	자료생성년월
seq	식별번호	4	1	월별 누적데이터로 조회시점에 따라 누적 식별번호 표출	식별번호
wkplNm	사업장명	100	1	삼성전자로지텍주식회사	사업장명
bzowrRgstNo	사업자등록번호	10	1	124815****	사업자등록번호 (앞에서 6자리)
wkplRoadNmDtlAddr	사업장도로명상세	300	1	경기도 수원시	사업장도로명상

IR.OSS_OA_DV_0401_OpenAPI활용가이드_사업장정보서비스(국민연금공단)_v1.0   - 9 -   LIG시스템컨소시엄

3장

엑셀 파워 쿼리를 이용하여 데이터 가공하기

3.1

분석보다 중요한 데이터 전처리

통상적으로 우리가 보는 데이터는 상황과 목적에 따라 여러 시스템에 분산되어 있습니다. 상황과 목적이 같더라도 상품이나 사업 분야에 따라 폴더와 파일, 여러 시트에 나누어 관리하지요. 그래서 필요한 데이터를 찾으면 **파일의 형식부터 데이터 파일 내 셀 통합, 유사한 데이터 병합, 값 집계, 순서 정렬, 이상값**Outlier **제거, 결측값**Missing Value **제거 등 데이터 전처리**Data Pre-processing**라는 정리 및 취합 작업을 우선 진행해야 합니다.** 유사한 말로 데이터 클렌징, 데이터 정제, 데이터 가공이라고도 합니다. 데이터 전처리의 목적은 다양한 매체에서 수집한 데이터를 분석하기 쉽게 구조화된 데이터Structured Data 형태로 가공한 후 원하는 장소에 저장하는 것입니다. 이를 통해 신뢰성 있고 일관된 분석 결과를 도출하는 등 데이터의 품질 관리가 가능해집니다.

> **TIP** 이상값이란 데이터에서 다른 값에 비해 유달리 높거나 낮아 정상적인 패턴을 벗어난 값을 말합니다. 결측값이란 내용이 누락되어 빈 값을 말합니다.

사내 혹은 외부의 데이터를 조금만 가져다 쓰려고 해도 각기 다른 형식과 기준으로 정리된 비정형 데이터가 수두룩하며, 빅데이터처럼 데이터가 방대한 상황일수록 데이터 전처리가 제대로 되지 않았을 때 일관된 분석 결과를 얻기가 더욱 어려워집니다. 그러므로 데이터의 수가 많을수록 데이터 전처리 작업은 더욱 중요해집니다.

직장인들은 흔히 데이터만 있으면 컴퓨터가 알아서 분석해 줄 것이라 착각합니다. 하지만 멋진 알고리즘을 적용하고, 분석 결과를 통해 시각화를 구현해 내는 것은 데이터 분석 과정 중 빙산의 일각에 불과합니다. 데이터 전처리는 꼭 필요하지만 생각보다 지루하고 번거로운 작업입니다. 하지만 전문적인 데이터 분석가들도 데이터를 분석이 용이한 형태로 변환, 교정, 통합하는 데 대부분의 시간을 할애합니다. 데이터 전처리 과정을 얼마나 일관되게 잘 진행했는지에 따라 같은 데이터라도 분석 결과가 천차만별로 달라진다는 것에 유념해야 합니다.

데이터 전처리의 핵심, ETL 자동화

데이터 전처리에는 ETL이라고 하는 추출^{Extraction}, 변환^{Transformation}, 적재^{Loading} 과정을 거쳐야 하는데, 모든 데이터에서 행과 열을 살펴본 후 ETL 과정을 일일이 진행하는 것은 결코 쉬운 일이 아닙니다. 더욱이 빅데이터라면 더 그렇겠죠? 하지만 걱정할 필요는 없습니다. ETL 자동화 도구를 사용하면 되니까요.

> **Note ETL의 의미**
> - Extraction: 하나 이상의 데이터 소스에서 데이터를 획득하는 기능
> - Transformation: 데이터 정리, 형식 변환, 표준화, 통합 등의 기능
> - Loading: 변형 처리가 완료된 데이터를 특정 시스템에 적재하는 기능

대표적인 ETL 자동화 방법은 파이썬, SQL 등 프로그래밍 언어를 사용하는 것입니다. 하지만 익숙하지 않은 프로그래밍 언어를 사용하기는 쉽지 않으니

다. 그러니 우리에게 익숙한 엑셀, 정확히는 엑셀의 파워 쿼리^{Power Query}를 사용하여 ETL 자동화 방법을 배워 보겠습니다.

파워 쿼리를 이용하면 웹에 있는 데이터부터 내 컴퓨터에 산재된 데이터까지 다양한 형태의 데이터 소스를 가져올 수 있으며, 원하는 형식으로 변환하여 엑셀 워크시트로 가져올 수 있습니다.

📊 엑셀 파워 쿼리 알고 가기

엑셀 파워 쿼리에서 '쿼리'는 특정한 조건을 만족하는 데이터만 추출하여 새로운 표^{Table}를 생성하는 것으로, 엑셀의 고급 필터와 비슷합니다.

Link 엑셀 파워 쿼리 사용을 위한 사전 준비는 43쪽을 참고하세요.

쿼리의 개념을 이해하기 어렵다면 ETL의 세 가지 핵심을 떠올려 보세요. **데이터를 추출**^{Extraction}**하고, 추출된 데이터를 변형**^{Transformation}**한 후 목적에 맞는 데이터 형식으로 가져오는**^{Loading} 기능이 파워 쿼리의 핵심이자 사용 목적이라고 할 수 있습니다.

우리는 웹데이터를 크롤링하고, API를 활용해 공공데이터를 엑셀로 가져오는 실습에서 이미 파워 쿼리를 간단하게 사용해 봤습니다. 실습에 앞서 파워 쿼리의 장점과 단점을 간단하게 살펴보겠습니다.

엑셀 파워 쿼리의 장점 엑셀 파워 쿼리의 가장 큰 장점은 표 형식의 구조화된 데이터를 만들 수 있고, 데이터를 한 번 만들어 두면 이후 같은 작업을 자동화할 수 있다는 것입니다. 또한 이 작업들을 클릭 몇 번으로 매우 직관적이면서 쉽게 사용할 수 있는 인터페이스를 제공합니다.

엑셀 파워 쿼리의 단점 엑셀 파워 쿼리의 장점이 단점으로 작용할 때도 있습니다. 엑셀 파워 쿼리에서는 데이터를 '구조화된 데이터 덩어리'로 취급하므로, 개별 셀^{Cell}의 개념이 없습니다. 즉, 셀 단위의 개별 데이터가 없으므로 평소 엑셀을 사용하는 것처럼 문서 양식을 만들거나 꾸미는 일은 불가능한 셈입니다. 또한 파워 쿼리의 주된 목적은 기존 데이터를 전처리하는 것이므로 새로 데이터를 추가하는 등의 기능은 일반적인 엑셀 작업에 비해서 제한적입니다. 한마디로, 엑셀에서 일반적인 셀 단위의 데이터를 다룰 때와 파워 쿼리에서 구조화된 데이터 덩어리를 다룰 때 어느 정도 차이가 있음을 인지해야 합니다.

3.2

열 분할 및 텍스트 추출하여 데이터 통합하기

예제 파일 상권데이터샘플.xlsx

흩어진 데이터를 취합하여 데이터 리포트를 쓸 때 가장 자주 활용되는 기능이 있다면 하나의 엑셀 파일에서 복잡다단하게 나누어진 여러 시트를 통합하는 일일 겁니다. [상권데이터샘플.xlsx] 예제 파일을 열고 나누어져 있는 시트를 하나의 시트로 통합한 후 열 분할, 텍스트 추출 등 파워 쿼리의 다양한 기능을 이용하여 데이터 전처리 작업을 실습해 보겠습니다.

전처리할 데이터 파악하기 [상권데이터샘플.xlsx] 예제 파일을 열면 2개의 시트로 구분되어 약 18,000개 이상의 행과 18개의 열로 구성된 데이터 세트^{Data} 를 볼 수 있습니다. 얼핏 잘 정리된 데이터처럼 보이지만 날짜와 상권코드가 [날짜및상권코드] 열에서 하나로 합쳐져 있고, 비어 있는 셀도 보입니다.

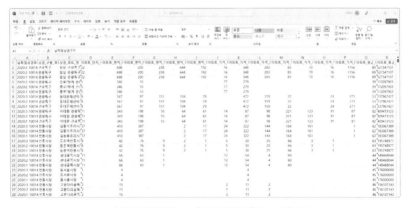

▲ [상권데이터샘플.xlsx] 예제 파일의 [Sheet1] 시트

시트 통합으로 데이터 합치기

데이터 전처리를 하기 위해서는 우선 정제할 데이터를 가져와야 하므로 [데이터] 탭에서 왼쪽 끝에 있는 [데이터 가져오기]를 이용합니다.

01 데이터 가져오기 엑셀에서 새 통합 문서를 열고 [데이터] 탭에서 [데이터 가져오기] – [파일에서] – [폴더에서]를 선택합니다. '찾아보기' 대화상자가 열리면 예제 파일이 저장된 폴더를 찾아 선택하고 [열기] 버튼을 클릭합니다.

TIP 엑셀 2013 이하라면 [데이터] 탭이 아닌 [파워 쿼리] 탭을 이용합니다.

02 선택한 폴더에 있는 예제 파일 목록이 표시된 창이 열립니다. 여기서 이번 실습에 사용할 [상권데이터샘플.xlsx] 파일이 있는지 확인만 한 후 [데이터 변환] 버튼을 클릭합니다.

> **TIP** 창에서 [로드] 버튼을 클릭하면 현재 창에 표시된 모든 목록이 엑셀 시트에 표 형태로 표시됩니다. 여기서는 파워 쿼리를 활용하여 데이터 전처리 과정을 진행할 것이므로 [데이터 변환] 버튼을 클릭했습니다. 엑셀 버전에 따라 [데이터 변환]이 아닌 [편집하기]로 표시될 수도 있습니다.

03 파워 쿼리 편집기가 실행되면 [Name] 열에서 [필터] 버튼을 클릭하고 [상 권데이터샘플.xlsx]에만 [체크]한 후 [확인] 버튼을 클릭합니다.

데이터 가져오기 새 통합 문서 열기 → [데이터] 탭 → [데이터 가져오기 – 파일에서 – 폴더에서] → 전처리 데이터가 포함된 폴더 확인 → 데이터 변환 → 필터 → 전처리 할 데이터만 선택 → 확인

04 **데이터 정리하기** 파워 쿼리 편집기에 선택한 데이터만 표시됩니다. 이제 [Content] 열만 남기고 다른 열은 지우기 위해 [Content] 열에서 **[마우스 우클릭]** 후 **[다른 열 제거]**를 선택합니다.

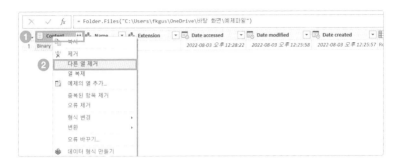

> **TIP** [Content] 열에 'Binary'라고 표시되면, '이 안에 Content가 포함되어 있다'라는 뜻입니다. 다른 열은 확장자명, 날짜 등 해당 데이터가 구성된 정보를 알려 주는 메타 정보입니다. 그러므로 이런 열은 제외하고 필요한 데이터만 불러오기 위해 [Content] 열만 남기면 됩니다.

데이터 정리하기 [Content] 열에서 [마우스 우클릭] → 다른 열 제거

05 **병합할 데이터 가져오기** [Content] 열만 남기고 모두 지웠으면 [Content] 열에 있는 **[파일 병합]**⊞ 버튼을 클릭합니다. '파일 병합' 대화 상자가 열리고, 해당 파일에 포함된 모든 시트를 하나로 병합하기 위해 **[매개 변수1]** 폴더를 선택한 후 **[확인]** 버튼을 클릭합니다.

06 파워 쿼리 편집기에 2개의 시트 데이터 목록이 표시됩니다.

TIP 파워 쿼리 편집기에서는 엑셀처럼 Ctrl + Z를 이용한 되돌리기 기능을 사용할 수 없습니다. 대신 오른쪽에 있는 '쿼리 설정' 패널에서 적용된 단계 목록 중 원하는 단계를 선택해서 이동할 수 있습니다.

07 **데이터 정리하기** 불필요한 정보를 한 번 더 제거하겠습니다. [Data] 열에서 [마우스 우클릭] 후 [다른 열 제거]를 선택하여 [Data] 열만 남깁니다.

08 [Date] 열만 남으면 [확장/집계]🔁 버튼을 클릭하고, 팝업 창에서 [원래 열 이름을 접두사로 사용]을 [체크 해제]한 후 [확인] 버튼을 클릭합니다.

09 기존에 표Table로 묶여져 있던 데이터가 상세한 데이터 목록으로 표시됩니다. 이로써 [상권데이터샘플.xlsx] 파일에서 2개의 시트로 구분되어 있던 데이터가 하나로 통합되었습니다.

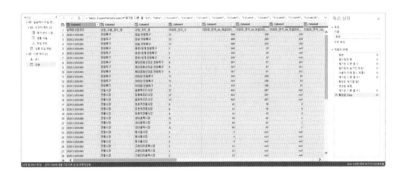

데이터 정리하기 [Data] 열만 남기기 → [확장/집계] → [원래 열 이름을 접두사로 사용] 체크 해제 → 확인

🔷 분석에 용이하도록 열 분할하기

[상권데이터샘플.xlsx] 예제 파일을 처음 열어서 확인했을 때 [날짜및상권코드] 열에 날짜와 상권코드가 함께 입력되어 있어 데이터 분석에 적합하지 않았습니다. 그러므로 시트를 통합한 데이터의 [날짜및상권코드] 열에서 날짜와 상권코드를 각각의 열로 분할해서 구분해 보겠습니다.

01 머리글 지정하기 시트 통합 후 열 머리글을 보면 'Column1, 2'처럼 표시되고, 실제 열 머리글은 첫 행(1행)에 값으로 표시되어 있습니다. 열 분할을 실행하기 전에 우선 첫 행을 열 머리글로 지정해 주겠습니다. 파워 쿼리 편집기에서 [변환] 탭을 클릭한 후 [첫 행을 머리글로 사용]을 클릭합니다. 곧바로 첫 행이 머리글로 바뀝니다.

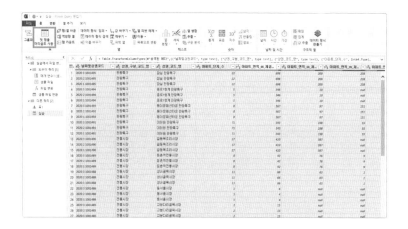

머리글 지정하기 [변환] 탭 → [첫 행을 머리글로 사용] 또는 [홈] 탭 → [첫 행을 머리글로 사용]

02 **열 분할하기** 열 분할을 실행할 [날짜및상권코드] 열을 선택한 후 [변환] 탭에서 [열 분할] – [구분 기호 기준]을 선택합니다.

TIP [날짜및상권코드] 열에 입력된 값을 보면 날짜와 상권코드 사이가 공백으로 구분되어 있습니다. 그래서 구분 기호로 공백을 지정할 예정입니다.

03 대화상자가 열리면 [구분 기호 선택 또는 입력] 옵션에서 [공백]을 선택하고, [다음 위치에 분할] 옵션에서 [각 구분 기호에서]를 선택합니다. 계속해서 '고급 옵션' 영역을 펼친 후 [다음으로 분할] 옵션은 [열]로, [분할할 열 수] 옵션은 [2]로, [따옴표] 옵션은 ["]로 설정하고 [확인] 버튼을 클릭합니다.

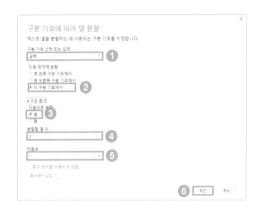

TIP 보통 엑셀에서 큰따옴표("") 안에 입력된 문자열은 열을 분할할 때 분리하지 않는 것으로 인식됩니다. 만약 [따옴표] 옵션을 [없음]으로 설정하면 큰따옴표 안에 있는 문자열도 분할할 수 있습니다.

04 머리글 변경하기 [날짜및상권코드] 열에서 공백을 기준으로 2개의 열로 나누어지고 열 머리글이 [날짜및상권코드.1]과 [날짜및상권코드.2]로 변경됩니다. 열 머리글을 변경하기 위해 먼저 1열 머리글을 더블 클릭한 후 **날짜**를 입력하고, 2열 머리글을 더블 클릭한 후 **상권코드**를 입력합니다.

	A⁰ᵇ날짜 ▼	1²³ 상권 ▼	A⁰ᵇ 상권_구분_ ▼	A⁰ᵇ 상권_코_ ▼	1²³ 아파트_단_ ▼	1²³ 아파트_면적_66_제곱_ ▼	1²³ 아파트_면적_66_제_ ▼	1²
1	2020:3	1001495	관광특구	잠실 관광특구	22	698	200	
2	2020:2	1001495	관광특구	잠실 관광특구	22	698	200	
3	2020:1	1001495	관광특구	잠실 관광특구	22	698	200	
4	2020:3	1001494	관광특구	종로?청계 관광특_	5	346	10	
5	2020:2	1001494	관광특구	종로?청계 관광특_	5	346	10	
6	2020:1	1001494	관광특구	종로?청계 관광특_	5	346	10	
7	2020:3	1001493	관광특구	동대문패션타운 _	8	567	97	
8	2020:2	1001493	관광특구	동대문패션타운 _	8	567	97	
9	2020:1	1001493	관광특구	동대문패션타운 _	8	567	97	
10	2020:3	1001491	관광특구	이태원 관광특구	71	343	198	
11	2020:2	1001491	관광특구	이태원 관광특구	71	343	198	
12	2020:1	1001491	관광특구	이태원 관광특구	71	343	198	
13	2020:3	1001490	전통시장	길동복조리시장	37	410	387	
14	2020:2	1001490	전통시장	길동복조리시장	37	410	387	
15	2020:1	1001490	전통시장	길동복조리시장	37	410	387	
16	2020:3	1001489	전통시장	둔촌역전통시장	8	42	76	
17	2020:2	1001489	전통시장	둔촌역전통시장	8	42	76	
18	2020:1	1001489	전통시장	둔촌역전통시장	8	42	76	
19	2020:3	1001488	전통시장	성내골목시장	11	66	63	
20	2020:2	1001488	전통시장	성내골목시장	11	66	63	
21	2020:1	1001488	전통시장	성내골목시장	11	66	63	
22	2020:3	1001486	전통시장	동서울시장	1	4	null	
23	2020:2	1001486	전통시장	동서울시장	1	4	null	

fx = Table.RenameColumns(#"변경된 유형2",{{"날짜및상권코드.1", "날짜"}, {"날짜및상권코드.2", "상권"}})

머리글 변경하기 열 머리글 더블 클릭 → 새로운 머리글 입력

원하는 텍스트만 추출하기

열 분할 후 [날짜] 열의 값을 보면 '연도:분기' 형식으로 입력되어 있으며, 연도는 모두 '2020'으로 동일합니다. 즉, [날짜] 열에서 실제로 필요한 값은 분기에 해당하는 숫자임을 파악할 수 있습니다. [날짜] 열에서 분기만 추출하는 작업을 진행해 보겠습니다.

01 **날짜에서 분기만 추출하기** 분기에 해당하는 값은 :(콜론) 뒤에 있으므로 [날짜] 열을 선택한 후 [변환] 탭에서 [추출] - [구분 기호 뒤 텍스트]를 선택합니다.

02 대화상자가 열리면 [구분 기호] 옵션을 :(콜론)으로 입력하고, '고급 옵션' 영역을 펼쳐서 설정된 옵션을 확인한 후 [확인] 버튼을 클릭합니다.

03 [날짜] 열을 보면 값에서 연도(2020)는 제외된 채 콜론 뒤에 있던 분기만 추출된 것을 확인할 수 있습니다. 데이터를 명확하게 파악할 수 있도록 [날짜] 열 머리글을 더블 클릭한 후 **분기**를 입력해서 머리글을 변경합니다.

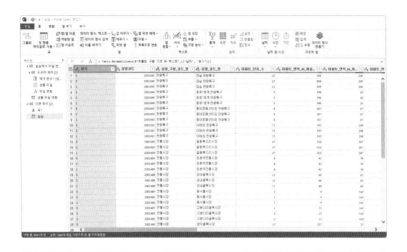

추출하기 추출할 열 선택 → [변환] 탭 → [추출 – 구분 기호 뒤 텍스트] → 구분 기호 입력 → 확인 → 추출 결과에 따라 열 머리글 변경

데이터 형식 지정 및 저장하기

데이터 전처리 과정에서 가장 중요한 기본 작업은 데이터의 형식이 제대로 설정되었나 확인하고 지정하는 것입니다. 예를 들어, '2022-01-20'이라는 숫자가 입력된 열이 있을 때 컴퓨터에서는 단순히 '숫자' 데이터로 인식할 수 있지만, '2022-01-21, 2022-01-22'처럼 연속된 형태를 보인다면 이 데이터의 유형은 단순한 숫자가 아닌 '날짜'로 지정해야 합니다.

01 **형식 맞추기** [분기] 열 왼쪽을 보면 'ABC'라고 표시되어 있는데 이 데이터가 텍스트라는 의미입니다. 하지만 분기는 숫자 데이터입니다. 그러므로 [ABC]를 클릭한 후 [정수]를 선택하여 형식을 변경합니다.

> **TIP** 분기를 날짜 개념으로 파악해서 형식을 [날짜]로 지정하면 데이터 값에 'Error'가 표시됩니다. 분기는 날짜 개념이지만 위 데이터에서는 올바른 날짜 형식이 아닌 분기를 구분해 주는 단순한 숫자로 사용되고 있습니다. 그러므로 [정수]로 지정해야 합니다.

02 이번에는 [상권코드] 열에서 데이터 형식을 확인해 봅니다. '123'으로 표시되어 있고, 정렬 방식도 오른쪽인 것으로 보아 숫자로 인식되었음을 알 수 있습니다. [상권코드] 열에서 [123]을 클릭한 후 [텍스트]를 선택해서 형식을 변경합니다.

> **TIP** 상권코드는 숫자 데이터가 아닌 개별로 부여된 고유한 ID입니다. 연속성을 지니지 않는 고유한 값에 해당하므로, 이런 값은 보통 텍스트 형식으로 처리합니다.

03 나머지 열에서도 값에 따라 형식이 제대로 지정되었는지 확인해 봅니다.

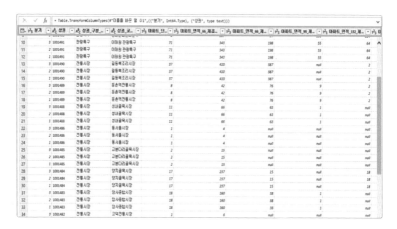

TIP 한 열에 'ABC'와 '123'이 함께 표시된 상태라면 해당 열의 값 유형을 자동으로 인식하지 못했다는 의미입니다. 그러므로 앞의 방법으로 직접 형식을 지정해 주면 됩니다.

> **형식 지정하기** 열 머리글 왼쪽 기호 확인 → 클릭 후 형식 변경 → 모든 열의 형식 확인 및 변경

04 **엑셀 통합 문서로 저장하기** 필요한 데이터를 불러와서 원하는 형태로 가공하고 형식까지 지정했다면 이제 전처리한 데이터를 엑셀 통합 문서로 저장하면 됩니다. 파워 쿼리 편집기에서 **[파일]** 탭을 클릭한 후 **[닫기 및 로드]**를 클릭합니다.

05 엑셀 통합 문서가 열리고, 전처리한 데이터가 표 형태로 표시됩니다. 표 형태의 데이터에서 형식을 변경하려면 엑셀의 **[쿼리]** 탭에서 **[편집]**을 클릭하여 다시 파워 쿼리 편집기로 이동할 수 있습니다.

06 완성한 엑셀 통합 문서를 저장하려면 **[파일]** 탭을 클릭한 후 **[다른 이름으로 저장]**을 클릭하여 저장할 위치와 파일명을 지정합니다.

TIP 파워 쿼리 편집기로 전처리한 엑셀 통합 문서를 저장한 다음 원본 데이터(상권데이터샘플.xlsx)에 새 데이터를 추가할 수도 있습니다. 이럴 때는 전처리한 엑셀 통합 문서를 다시 열거나, [쿼리] 탭에서 [새로 고침]을 클릭하여 새 데이터를 업데이트합니다.

엑셀로 저장하기 파워 쿼리 편집기에서 [파일] 탭 → [닫기 및 로드] → 엑셀 표 확인 → 엑셀에서 [파일] 탭 → [다른 이름으로 저장]

3.3 서로 다른 파일에 있는 시트 통합하기

예제 파일 샘플(시트123).xlsx, 샘플(시트456).xlsx

한 파일에 있는 시트를 통합하는 것뿐만 아니라 서로 다른 파일에 있는 시트도 통합할 수 있습니다. 파일을 2개 선택한다는 것만 다를 뿐 기본적인 방법은 동일하므로 빠르게 실습을 진행하겠습니다. 실습 중 막히는 부분이 있으면 앞서 진행했던 시트 통합 실습을 반복 학습한 후 다시 도전해 보는 것을 추천합니다.

01 데이터 가져오기 엑셀에서 새 통합 문서를 엽니다. [데이터] 탭에서 [데이터 가져오기] – [파일에서] – [폴더에서]를 선택한 후 예제 파일이 저장되어 있는 폴더를 선택하고 [열기] 버튼을 클릭합니다.

02 폴더에 포함된 파일 목록에서 [샘플(시트123).xlsx]와 [샘플(시트456).xlsx], 2개의 예제 파일이 있는 것을 확인하고 [데이터 변환]을 클릭합니다.

03 파워 쿼리 편집기가 실행되면 [Name] 열에서 [필터] 버튼을 클릭하고, 팝업 창에서 [샘플(시트123).xlsx]와 [샘플(시트456).xlsx]만 [체크]한 후 [확인] 버튼을 클릭합니다.

데이터 가져오기 새 통합 문서 열기 → [데이터] 탭 → [데이터 가져오기 – 파일에서 – 폴더에서] → 확인 → 통합할 2개의 원본 파일 확인 → 데이터 변환 → 통합할 데이터 필터링 → 확인

04 데이터 정리하기 데이터 분석에 필요하지 않은 메타 정보는 제거하고,
'Binary'가 있는 [Content] 열만 남기면 됩니다. 그러므로 [Content] 열
에서 [마우스 우클릭] 후 [다른 열 제거]를 선택합니다.

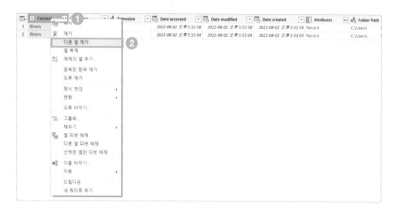

데이터 정리하기 [Content] 열에서 [마우스 우클릭] → [다른 열 제거]

05 병합할 데이터 가져오기 [Content] 열에서 [파일 병합] 버튼을 클릭하여
'파일 병합' 대화상자가 열리면 필터링한 2개 파일에 포함된 모든 시트를
통합하기 위해 [매개 변수1] 폴더를 선택하고 [확인] 버튼을 클릭합니다.

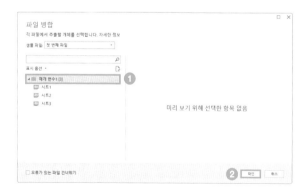

06 잠시 후 데이터를 확인하면 [Name] 열에 총 6개의 행이 표시됩니다. 이는 [샘플(시트123).xlsx]와 [샘플(시트456).xlsx] 예제 파일에 총 6개의 시트가 포함되어 있다는 의미입니다.

병합할 데이터 가져오기 [Content] 열에서 [파일 병합] → '파일 병합' 대화상자에서 [매개 변수1] 폴더 선택 → 확인 → 파워 쿼리 편집기에서 불러온 데이터 확인

07 데이터 정리하기 메타 정보를 제거하고 실제 사용할 데이터만 남기기 위해 [Data] 열에서 [마우스 우클릭] 후 [다른 열 제거]를 선택합니다.

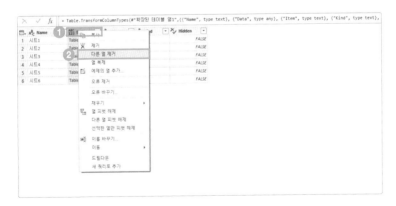

08 [Data] 열만 남은 상태에서 열 머리글에 있는 [**확장**]⯈⬅ 버튼을 클릭하고, 팝업 창에서 [**원래 열 이름을 접두사로 사용**]을 [**체크 해제**]한 후 [**확인**] 버튼을 클릭합니다.

09 표로 묶여 있던 상세 데이터 목록이 표시됩니다. 2개의 엑셀 통합 문서에 포함된 6개 시트가 파워 쿼리 편집기에서 하나로 통합된 것입니다.

> **데이터 정리하기** [Data] 열에서 [마우스 우클릭] → [다른 열 제거] → [Data] 열에서 [확장] → [원래 열 이름을 접두사로 사용] 체크 해제 → 확인 → 6개 시트 통합 확인

10 머리글 지정 및 데이터 정리하기 통합된 데이터의 열 머리글이 임의의 값
인 'Column1, 2, 3…'으로 지정되어 있습니다. 첫 행에 있는 값을 열 머
리글로 사용하기 위해 [변환] 탭을 클릭하고 [첫 행을 머리글로 사용]을 클릭
합니다.

11 6개의 시트를 통합하면서 생긴 중복된 머리글이나 값이 없는 항목 등을
제거하기 위해 [담당자] 열에서 [필터] 버튼을 클릭하고 목록에서 [(Null)]과
[담당자]만 [체크 해제]한 후 [확인] 버튼을 클릭합니다.

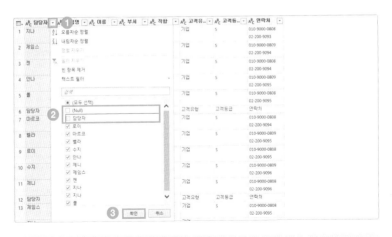

머리글 지정 및 데이터 정리하기 [담당자] 열에서 [변환] → [첫 행을 머리글로 사용]
→ [담당자] 열에서 [필터] 버튼 → [담당자], [(Null)] 체크 해제 → 확인

12 열 분할하기 [연락처] 열은 개인 연락처와 회사 연락처가 한 셀에 줄 바꿈으로 입력되어 있습니다. 2가지 연락처를 분할하기 위해 [연락처] 열을 선택한 후 [홈] 탭에서 [열 분할] – [구분 기호 기준]을 선택합니다.

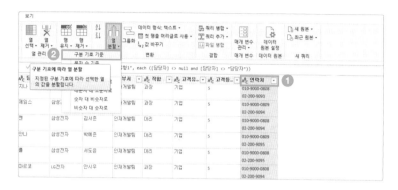

> **TIP** 직장인들이 엑셀 문서를 작성할 때 흔히 셀을 병합하거나 한 셀에 여러 가지 정보를 입력하곤 합니다. 하지만 데이터 분석을 염두에 두고 있다면 셀 병합은 지양하고, 하나의 셀에 하나의 정보만 입력하는 것이 좋습니다.

13 대화상자가 열리면 [구분 기호 선택 또는 입력] 옵션을 [사용자 지정]으로 설정한 후 입력란을 공백으로 비웁니다. [특수 문자를 사용하여 분할]에 [체크]한 후 [특수 문자 삽입] 버튼을 클릭하여 [줄 바꿈]을 클릭하고 [확인] 버튼을 클릭합니다.

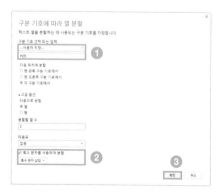

> **TIP** [특수 문자 삽입] – [줄 바꿈]을 선택하면 [구분 기호 선택 또는 입력] 옵션의 입력란에 자동으로 [#(if)]가 입력됩니다.

14 [연락처] 열이 2개로 분할되면 각 열 머리글을 더블 클릭해서 **휴대전화**와 **연락처**를 입력하여 열 분할을 마무리합니다.

	담당자	기업명	이름	부서	직함	고객유...	고객등...	연락처.1	연락처.2
1	지나	삼성전자	김양수	인재개발팀	과장	기업	S	010-9000-0808	02-200-9093
2	제임스	삼성전자	김민준	인재개발팀	과장	기업	S	010-9000-0809	02-200-9094
3	젠	삼성전자	김서준	인재개발팀	대리	기업	S	010-9000-0808	02-200-9094
4	안나	삼성전자	박예준	인재개발팀	대리	기업	S	010-9000-0808	02-200-9095
5	폴	삼성전자	서도윤	인재개발팀	대리	기업	S	010-9000-0809	02-200-9095
6	마르코	LG전자	안시우	인재개발팀	과장	기업	S	010-9000-0808	02-200-9094
7	벨라	LG전자	안주원	인재개발팀	과장	기업	S	010-9000-0808	02-200-9095
8	로이	LG전자	박하준	인재개발팀	대리	기업	S	010-9000-0809	02-200-9095
9	수지	LG전자	박지후	인재개발팀	대리	기업	S	010-9000-0809	02-200-9096
10	제니	LG전자	임준서	인재개발팀	대리	기업	S	010-9000-0808	02-200-9095
11	제임스	카카오	임준우	영업팀	과장	기업	S	010-9000-0809	02-200-9096
12	지나	카카오	김현우	영업팀	과장	기업	S	010-9000-0809	02-200-9096
13	젠	카카오	이도현	영업팀	대리	기업	S	010-9000-0809	02-200-9096
14	안나	카카오	이지훈	영업팀	대리	기업	S	010-9000-0808	02-200-9097
15	폴	카카오	이서진	영업팀	대리	기업	S	010-9000-0808	02-200-9097
16	마르코	카카오	박민재	영업팀	과장	기업	S	010-9000-0808	02-200-9097
17	벨라	네이버	임준원	관리팀	과장	기업	S	010-9000-0809	02-200-9097
18	로이	네이버	안혜인	관리팀	대리	기업	S	010-9000-0808	02-200-9097
19	수지	네이버	함영훈	관리팀	대리	기업	S	010-9000-0809	02-200-9098

열 분할하기 [연락처] 열 선택 → [홈] 탭 → [열 분할 – 구분 기호 기준] → 옵션 설정 → 확인 → 분할된 열 머리글 변경

15 **엑셀 통합 문서로 저장하기** 통합한 데이터를 엑셀 시트로 불러오기 위해 파워 쿼리 편집기에서 [홈] 탭을 클릭한 후 [닫기 및 로드]를 클릭하거나 [파일] 탭에서 [닫기 및 로드]를 클릭합니다. 지금까지 작업 내역이 저장되며, 파워 쿼리 편집기가 종료됩니다.

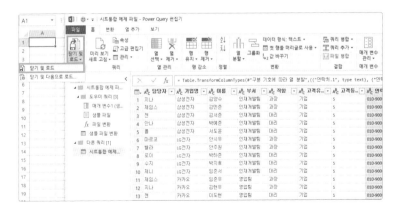

16 2개 파일, 6개 시트에 있던 데이터가 하나의 엑셀 시트에 표 형태로 표시된 결과를 확인합니다. 이상이 없다면 **[파일]** 탭을 클릭한 후 **[다른 이름으로 저장하기]**를 클릭해서 엑셀 통합 문서로 저장하고, 변경할 내용이 있다면 **[쿼리]** 탭에서 **[편집]**을 클릭합니다.

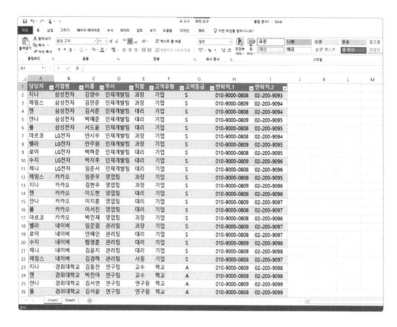

TIP 파워 쿼리 편집기에서 엑셀 시트로 데이터를 불러오면 이후 원본 문서가 업데이트되었을 때 이 엑셀 통합 문서에서 [쿼리] 탭의 [새로 고침]을 클릭해서 업데이트된 내용을 반영할 수 있습니다.

엑셀 통합 문서로 저장하기 파워 쿼리 편집기에서 [파일] 탭 → [닫기 및 로드] → 통합된 엑셀 표 확인 → 엑셀에서 [파일] 탭 → [다른 이름으로 저장]

조건 열 기능 활용하여 여러 범위 데이터 통합하기

예제 파일 조건열.xlsx

[조건열.xlsx] 예제 파일을 열어 보면 한 시트에서 여러 범위에 담당자별 데이터가 정리되어 있습니다. 데이터 분석에 적합한 표 형태가 아니므로 데이터 전처리 작업이 필요해 보입니다. 조건 열 기능을 이용하여 담당자 구분용 열을 추가하고 범위 데이터를 통합해 보겠습니다.

01 범위 데이터 가져오기 [조건열.xlsx] 예제 파일을 열고, 현재 시트의 데이터를 활용하기 위해 [데이터] 탭에서 [데이터 가져오기] - [기타 원본에서] -
[테이블/범위에서]를 선택합니다.

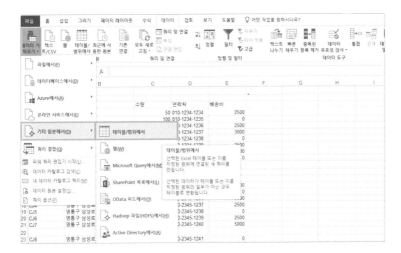

02 데이터 범위는 우선 표로 변경한 후 파워 쿼리 편집기에서 편집합니다. '표 만들기' 대화상자가 열리면 데이터가 입력된 모든 범위(A2:E68)를 드래그해서 표로 변경할 범위를 지정하고, [머리글 포함]을 [체크 해제]한 후 [확인] 버튼을 클릭합니다. 파워 쿼리 편집기가 실행되고 선택한 범위의 데이터가 표시됩니다.

> **범위 데이터 가져오기** 엑셀 통합 문서 열기 → [데이터] 탭 → [데이터 가져오기 – 기타 원본에서 – 테이블/범위에서] → 데이터 범위 선택 → [머리글 포함] 체크 해제 → 확인

03 조건 열로 담당자 구분하기 원본 데이터에서 범위별로 구분되어 있던 담당자를 별도의 열로 구분해 보겠습니다. [열 추가] 탭에서 [조건 열]을 클릭합니다.

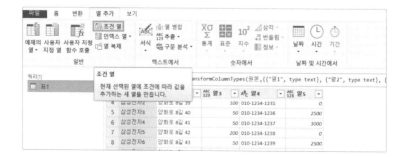

04 '조건 열 추가' 대화상자가 열리면 **[새 열 이름]** 옵션에 **담당자**를 입력합니다. 첫 번째 조건에 **[열 이름: 열1, 연산자: 같음, 값: 담당자]**로 설정하고, **[출력]**에 있는 아이콘을 클릭하여 **[열 선택]**으로 변경한 후 **[열2]**를 지정합니다. **[기타]** 옵션에 null을 입력하고 **[확인]** 버튼을 클릭합니다.

> **TIP** 위 조건은 [열1] 열의 값이 '담당자'일 때, 추가될 [담당자] 열에 [열2] 열의 값을 표시하고, 그렇지 않을 때 'null'을 표시하라는 의미입니다.

05 대화상자에서 지정한 조건에 따라 **[담당자]** 열이 추가되면서 담당자 이름과 'null'이 입력됩니다.

06 원본 데이터는 담당자별로 데이터가 정리되어 있었습니다. 그러므로 담당자가 비어 있는 셀('null'이 입력된 셀)을 채우려면 위에 입력된 담당자 이름을 아래 방향으로 채우면 됩니다. **[담당자]** 열에서 **[마우스 우클릭]** 후 **[채우기]** – **[아래로]**를 선택합니다.

07 'null'로 비어 있던 셀이 위쪽에 입력된 값(담당자 이름)으로 채워집니다.

> **조건 열로 담당자 구분하기** [열 추가] 탭 → [조건 열] → 조건 지정 → 확인 → [마우스 우클릭] 후 [채우기 – 아래로]

08 데이터 정리하기 원본 데이터에서 담당자별로 구분하기 위해 비워 놓은 행과 '담당자'가 포함된 행을 제거하겠습니다. **[열1]** 열에서 **[필터]** 버튼을 클릭한 후 **[(Null)]** 과 **[담당자]** 를 **[체크 해제]** 하고 **[확인]** 버튼을 클릭합니다.

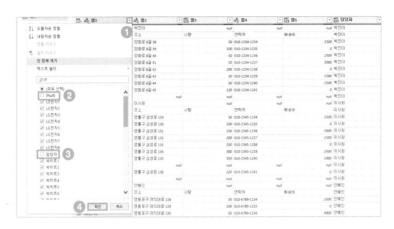

09 '(Null)'과 '담당자'를 제외하고 필터링하여 1차로 불필요한 행을 제거 했더니 첫 행에 열 머리글로 사용할 값이 보입니다. **[변환]** 탭에서 **[첫 행을 머리글로 사용]** 을 클릭합니다.

10 첫 행이 열 머리글이 되자, 조건 열 기능으로 추가한 열 머리글의 수정이 필요해 보입니다. '박진아'로 잘못 입력된 기존 **[담당자]** 열 머리글을 더블 클릭한 후 **담당자**를 입력합니다.

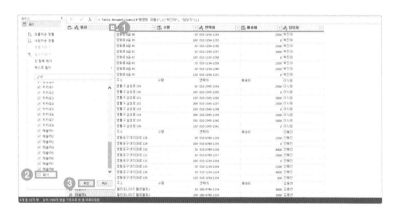

11 열 머리글을 변경했으니 앞서 엑셀 시트에서 범위마다 반복해서 입력되어 있던 열 머리글 행을 제거해야 합니다. **[회사]** 열에서 **[필터]** 버튼을 클릭한 후 **[회사]**만 **[체크 해제]**하고 **[확인]** 버튼을 클릭합니다.

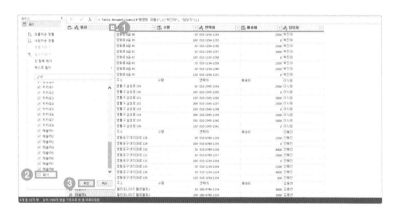

> **데이터 정리하기** [열1] 열의 [필터] 버튼 → [(Null)]과 [담당자] 체크 해제 → 확인 → 첫 행을 머리글로 사용 → [담당자] 열 수정 → [회사] 열의 [필터] 버튼 → [회사] 체크 해제 → 확인

12 조건 열로 배송비 여부 판단하기 끝으로 배송비 여부를 파악할 수 있는 열을 추가하겠습니다. **[열 추가]** 탭에서 **[조건 열]**을 클릭하여 조건 열을 실행합니다.

13 '조건 열 추가' 대화상자가 열리면 **[새 열 이름]**에 **배송비 여부**를 입력하고, 조건에서 **[열 이름: 배송비, 연산자: 보다 큼, 값: 0, 출력: TRUE]**로 설정합니다. 계속해서 **[기타]**를 **[FALSE]**로 설정한 후 **[확인]** 버튼을 클릭합니다.

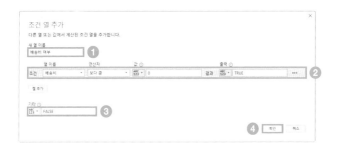

TIP [배송비] 열의 값이 0보다 크면 'TRUE'가 표시되고, 그렇지 않으면 'FALSE'가 표시되는 조건입니다.

14 [배송비 여부] 열이 추가되면서 배송비가 있을 때는 'TRUE', 없을 때는 'FALSE'가 표시됩니다. 이제 범위 데이터 통합이 끝났습니다. [홈] 탭에서 [닫기 및 로드]를 클릭하여 엑셀 시트에서 통합된 데이터를 표로 확인하면 됩니다.

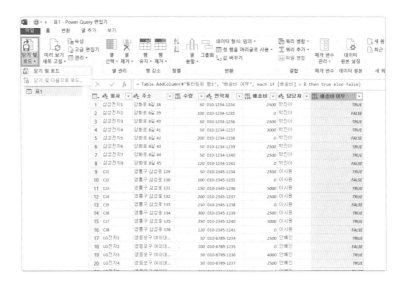

잘못된 구조를 열 방향 누적 데이터로 변경하기

예제 파일 피벗.xlsx

[피벗.xlsx] 예제 파일을 열면 담당자별 매출 자료가 정리되어 있습니다. 얼핏 보면 잘 정리된 데이터 같습니다. 하지만 셀 병합 기능을 사용하였으며, 데이터를 구분하는 기준이 가로와 세로 양쪽 방향으로 나뉘어 있습니다.

흔히 데이터에서 열 방향으로 값이 정렬되어 있고 결측값^{Missing Value}이 없어야 분석에 용이하다고 이야기합니다. 파워 쿼리 편집기에서 열 피벗 해제 및 피벗 열 기능을 사용하여 [시기], [담당자], [고객사 등급], [고객사 예상매출], [고객사 요구사항] 열로 구성된 열 방향의 데이터로 변경해 보겠습니다.

데이터 행/열 변경하기

01 **범위 데이터 가져오기** [피벗.xlsx] 예제 파일을 엽니다. [데이터] 탭에서 [데이터 가져오기]를 클릭한 후 [기타 원본에서] - [테이블/범위에서]를 선택해서 파워 쿼리 편집기를 실행합니다.

02 '표 만들기' 대화상자가 열리면 표로 변경할 데이터 범위(A1:G26)를 드래그해서 지정하고, [머리글 포함]에 [체크]한 후 [확인] 버튼을 클릭합니다. 선택한 데이터 범위가 표로 바뀌면서 동시에 파워 쿼리 편집기가 실행됩니다. 파워 쿼리 편집기에서 열 머리글을 보면 표로 바뀐 범위의 첫 행에 있던 'Q1, Q2, …' 값이 사용된 것을 확인할 수 있습니다.

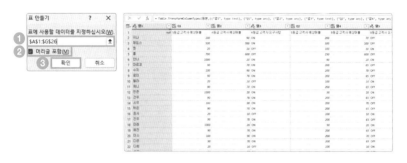

범위 데이터 가져오기 예제 파일 열기 → [데이터] 탭 → [데이터 가져오기 – 기타 원본에서 – 테이블/범위에서] → 데이터 범위 지정 → 머리글 포함 → 확인

03 **행/열 변경하기** 범위의 행/열을 변경하기 전에 우선 시기를 나타내는 열 머리글을 1행으로 내려야 합니다. [변환] 탭에서 [첫 행을 머리글로 사용]을 클릭한 후 [머리글을 첫 행으로 사용]을 선택합니다.

04 머리글이 첫 행의 값으로 변경되었습니다. 이제 값의 행/열을 변경하기

위해 **[변환]** 탭에서 **[행/열 바꿈]**을 클릭합니다.

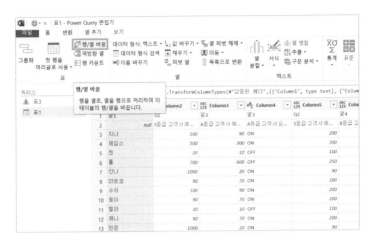

05 다음과 같이 데이터의 행과 열이 바뀐 것을 확인할 수 있습니다.

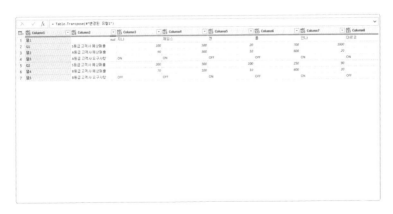

행/열 변경하기 [첫 행을 머리글로 사용 – 머리글을 첫 행으로 사용] → [변환] 탭 →
[행/열 바꿈]

조건 열 추가 및 열 병합하기

01 조건 열로 시기 구분하기 파워 쿼리 편집기에서 현재 1 열(원본 데이터에서 셀 병합된 머리글)은 시기를 구분하는 값입니다. **[시기]** 열을 새롭게 추가하기 위해 **[열 추가]** 탭에서 **[조건 열]**을 클릭합니다.

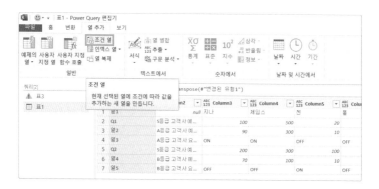

02 '조건 열 추가' 대화상자가 열리면 **[새 열 이름]**에 **시기**를 입력합니다. 조건에서 **[열 이름: Column1, 연산자: 포함, 값: 열, 출력: null]**로 설정합니다. **[기타]** 옵션에서 **[열 선택]**으로 변경한 후 **[Column1]**로 설정하고 **[확인]** 버튼을 클릭합니다.

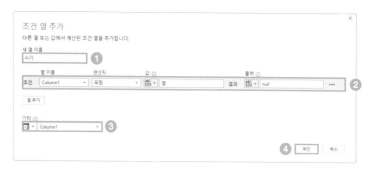

> **TIP** [시기] 열을 추가한 후 [Column1] 열 값에 '열'이라는 문자가 포함되어 있으면 'null'을 표시하고, 그렇지 않으면 [Column1] 열의 값을 그대로 표시하라는 조건입니다.

03 조건에 따라 'null'과 시기 값(Q1, Q2)이 입력된 **[시기]** 열이 오른쪽 끝에 추가됩니다. **[시기]** 열의 위치를 변경하기 위해 머리글을 클릭한 채 왼쪽 끝의 1열 위치로 드래그해서 옮깁니다.

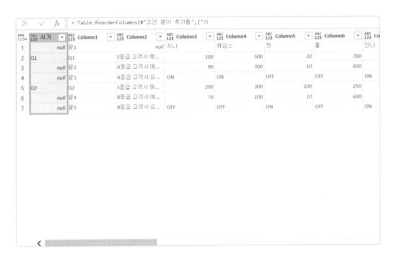

04 **데이터 정리하기** **[시기]** 열을 추가했으므로 중복된 내용인 **[Column1]** 열은 제거하면 됩니다. **[Column1]** 열 머리글에서 **[마우스 우클릭]** 후 **[제거]**를 선택합니다.

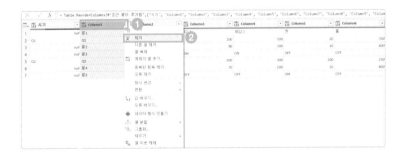

05 계속해서 [시기] 열의 빈 셀을 채우기 위해 [시기] 열 머리글에서 [마우스 우
클릭] 후 [채우기] – [아래로]를 선택합니다.

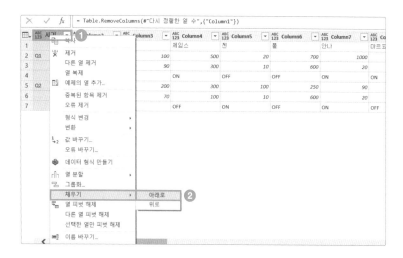

06 값이 입력된 셀을 기준으로 다음과 같이 아래에 있는 빈 셀이 채워집니다.

1 행은 위에 값이 없으므로 빈 셀이 그대로 유지됩니다.

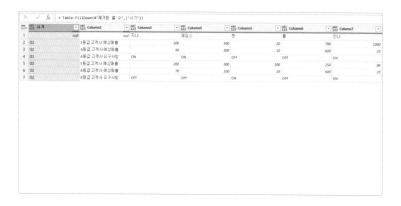

07 열 병합하기 **[시기]**와 **[Column2]** 열은 유지한 채 피벗을 해제하기 위해 우선 유지할 2개의 열을 병합하겠습니다. Ctrl 을 누른 채 **[시기]**와 **[Column2]** 열 머리글을 클릭해 다중 선택한 후 **[변환]** 탭에서 **[열 병합]**을 클릭합니다. Link 피벗 해제는 이후 102쪽에서 자세히 설명합니다.

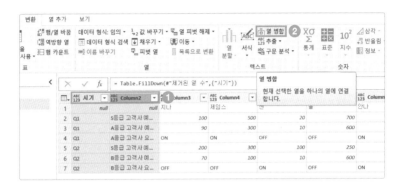

TIP **[열 추가]** 탭에 있는 [열 병합]과는 다른 기능이므로 주의해서 클릭합니다.

08 '열 병합' 대화상자가 열리면 **[구분 기호]** 옵션에 **[콜론]**을 지정하고 **[확인]** 버튼을 클릭합니다.

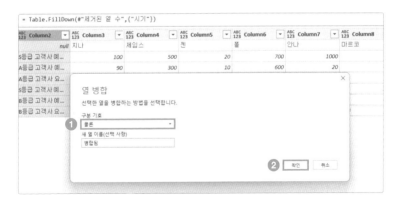

TIP 열을 병합할 때 [새 열 이름] 옵션에 원하는 열 머리글을 입력해도 됩니다. 하지만 여기서는 임시로 병합하고, 이후 다시 분할할 것이므로 기본 값을 유지한 채 병합했습니다.

09 선택한 2개의 열에 있던 셀 값이 :(콜론)으로 구분되어 하나의 열로 병합된 것을 확인할 수 있습니다.

열 병합하기 병합할 열 선택 → [변환] 탭 → [열 병합] → 구분 기호 지정 → 확인

열 피벗 해제 및 열 분할하기

열 피벗 해제는 행과 열로 구분되어 집계된 값을 열로만 구분하여 데이터를 열 방향으로 누적된 구조로 변경하는 기능입니다. 앞서 병합한 **[병합됨]** 열만 제외한 채 열 피벗 해제를 실행하여 데이터를 재구조화합니다.

01 **열 피벗 해제하기** 열 피벗 해제 시 기존 열 머리글부터 값으로 변환됩니다. 그러므로 현재의 열 머리글 대신 1행의 값이 열 머리글이 되도록 **[변환]** 탭에서 **[첫 행을 머리글로 사용]**을 클릭합니다.

02 첫 행이 머리글로 바뀌면, 제외할 첫 번째 열을 뺀 나머지 열을 모두 선택한 후 **[변환]** 탭에서 **[열 피벗 해제]**를 클릭합니다.

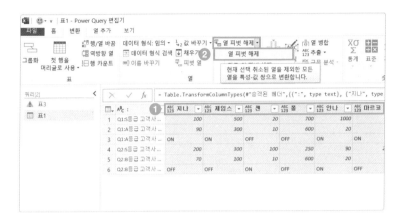

TIP 선택할 첫 번째 열 머리글을 클릭해서 선택한 후 [Shift]를 누른 채 마지막 열 머리글을 클릭하면 클릭한 2개의 열과 그 사이의 열이 다중 선택됩니다.

03 첫 번째 열을 제외한 나머지 열의 피벗이 해제되면서 열 방향으로 누적된 구조의 데이터가 완성됩니다.

열 피벗 해제하기 첫 행을 머리글로 사용 → 피벗 해제할 열 모두 선택 → [변환] 탭 → [열 피벗 해제]

04 열 분할하기 피벗 해제를 위해 임시로 병합한 첫 번째 열을 다시 분할하 겠습니다. 첫 번째 열 머리글을 선택한 후 **[변환]** 탭에서 **[열 분할]** – **[구분 기호 기준]**을 선택합니다.

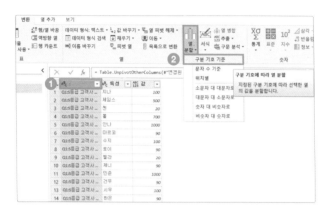

05 '구분 기호에 따라 열 분할' 대화상자가 열리면 **[구분 기호 선택 또는 입력]** 은 **[콜론]**을, **[다음 위치에 분할]**은 **[각 구분 기호에서]**를 설정하고 **[확인]** 버튼 을 클릭합니다.

06 시기 값이 입력된 열과 등급이 입력된 열이 분할되면 다음과 같이 **[특성]** 열 머리글을 왼쪽으로 드래그하여 두 번째 열이 되도록 배치합니다.

> **열 분할하기** 분할할 열 선택 → **[변환]** 탭 → **[열 분할 – 구분 기호 기준]** → 콜론으로 구분 → 확인 → **[특성]** 열 위치 변경

🔲 피벗 열 기능으로 집계하기

피벗 열 기능을 이용해 **[고객사 예상매출]** 열과 **[고객사 요구사항]** 열을 완성하겠습니다. 피벗 열 기능을 실행하면 해당 열에서 고유한 값을 찾아 새로운 열로 만들고, 지정한 열에 있는 값을 집계하여 새로운 열의 값으로 사용합니다.

01 **열 분할하기** 고객사 등급이 입력된 3열을 선택한 후 **[변환]** 탭에서 **[열 분할] – [구분 기호 기준]**을 선택합니다.

02 '구분 기호에 따라 열 분할' 대화상자가 열리면 **[구분 기호 선택 또는 입력]**
에 **[공백]**을, **[다음 위치에 분할]**에 **[맨 왼쪽 구분 기호에서]**를 설정한 후 **[확인]**
버튼을 클릭합니다.

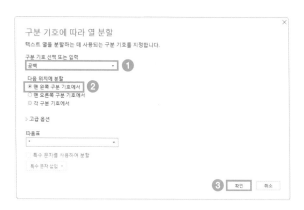

03 기존 열이 3열과 4열로 구분되었습니다. 값의 종류를 명확하게 구분하
기 위해 다음과 같이 1, 2, 3열의 열 머리글을 더블 클릭하여 순서대로 **[시
기]**, **[담당자]**, **[고객사 등급]**으로 변경합니다.

시기	담당자	고객사 등급	:.2.2	값
1	Q1	지나	S등급	고객사 예상매출	100
2	Q1	제임스	S등급	고객사 예상매출	500
3	Q1	첸	S등급	고객사 예상매출	20
4	Q1	폴	S등급	고객사 예상매출	700
5	Q1	안나	S등급	고객사 예상매출	1000
6	Q1	마르코	S등급	고객사 예상매출	90
7	Q1	수지	S등급	고객사 예상매출	100
8	Q1	로이	S등급	고객사 예상매출	90
9	Q1	벨라	S등급	고객사 예상매출	20
10	Q1	제니	S등급	고객사 예상매출	90
11	Q1	민준	S등급	고객사 예상매출	1000
12	Q1	건우	S등급	고객사 예상매출	90
13	Q1	시우	S등급	고객사 예상매출	100
14	Q1	하은	S등급	고객사 예상매출	90
15	Q1	윤서	S등급	고객사 예상매출	20

fx = Table.RenameColumns(#"변경된 유형4",{{":.1", "시기"}, {"특성", "담당자"}, {":.2.1", "고객사 등급"}})

열 분할하기 3열 선택 후 [분할] 탭 → [열 분할 – 구분 기호 기준] → 공백으로 구분
→ 확인 → 1, 2, 3열 머리글 변경

04 피벗 열 실행하기 4열의 값에서 고유 값을 추출하여 새로운 열로 만들기

위해 4열 머리글을 선택한 후 **[변환]** 탭에서 **[피벗 열]**을 클릭합니다.

05 '피벗 열' 대화상자가 열리면 **[값 열]**에 **[값]**을, '고급 옵션' 영역의 **[값 집계**

함수]에 **[집계 안 함]**을 설정한 후 **[확인]** 버튼을 클릭합니다.

06 기존 4열에 있던 2개의 고유 값이 추출되어 [고객사 예상매출], [고객사 요구 사항] 열이 되었고, 기존 [값] 열에 있던 값이 새로운 2개 열의 값으로 사용 되면서 [시기], [담당자], [고객사 등급], [고객사 예상매출], [고객사 요구사항] 열 로 정리된 데이터가 완성되었습니다.

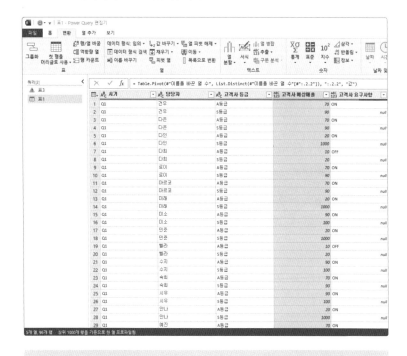

피벗 열 실행하기 4열 선택 후 [변환] 탭 → [피벗 열] → 새로 만들 열의 값 기준 설정 → 확인

4장

엑셀로
이해하는
기술 통계

데이터 분석을 위한 통계

데이터 분석에는 다양한 통계 기법이 사용됩니다. 본격적인 엑셀 데이터 분석에 앞서 통계에 대한 기본 지식을 알아보고, 이어서 기본적인 기술 통계 실습을 진행해 보겠습니다.

통계와 표본 조사

통계란 어떤 현상을 종합적으로 한눈에 알아보기 쉽게 일정한 체계에 따라 숫자로 나타낸 것입니다. 통계는 적절한 의사 결정에 중요한 근거 자료로 사용할 수 있습니다.

예를 들어, 여러분은 통조림을 판매하는 회사의 대표이며, 통조림에 이물질이 들어가지 않았는지 위생 조사를 실시해야 한다고 가정해 보겠습니다. 이때 전수 조사를 시행한다면 모든 통조림을 개봉해야 하고, 정작 판매할 통조림은 남아 있지 않게 될 것입니다. 이런 상황에서 전수 조사를 실시하는 것은 사실상 불가능합니다.

따라서 모든 상품을 조사하는 전수 조사 방법이 아닌, 무작위로 일부 상품을 골라 그것들을 대상으로 조사하는 표본 조사 방식으로 데이터를 얻어야 합니다. 이렇게 표본 조사로 얻은 데이터를 이용해 모든 상품의 일반적인 가치를 추정하게 됩니다. 단, 아무리 정교하게 표본 조사를 하더라도 전수 조사가 아닌 이상 오차가 발생할 수밖에 없습니다.

통계학에서는 이렇게 표본 조사로 얻은 데이터에서 허용하는 오차를 보통 5%로 지정하는데, 이를 유의 수준 5% 또는 신뢰 수준 95%라고 정의합니다.

표본으로 전체를 설명하는 가설 검정

표본 조사로 데이터를 얻었다면 그 데이터를 활용하여 목적에 따른 가설을 세우고, 가설을 입증하기 위한 가설 검정을 진행합니다. 이러한 가설 검정 방법에는 귀무가설과 대립가설이 있는데 우선 그 개념부터 알고 있어야 합니다.

귀무가설(H0) 귀무가설의 사전적 정의는 두 모수값^{Parameters}이 서로 차이가 없다고 하는 가설로, 기각될 것을 상정하고 세우는 가설입니다. 여기서 기억할 부분은 '기각될 것을 상정하고 세우는 가설'이라는 점입니다.

대립가설(H1) 대립가설은 귀무가설과 반대되는 가설이며, 실제로 주장하고자 하는 가설입니다.

앞서 통조림 위생 조사를 실시하여 제품의 불량률이 3%보다 낮을 때 판매가 가능한 상황이라면 여러분은 통조림의 불량률이 3%보다 낮다는 것을 증명해야 합니다. 이때 가설 검정을 사용하며, 가설 검정 절차는 일반적으로 주장하는 내용과 반대의 주장을 기각하는 방법으로 실제 주장하는 내용을 증명합니다.

그러므로 여러분은 '통조림의 불량률이 3% 이상이다.'는 귀무가설(기각될 것을 상정하고 세우는 가설)을 기각함으로써 그 반대인 '통조림의 불량률이 3%보다 낮다.'는 대립가설을 채택해야 합니다. 그렇다면 현실에서 귀무가설을 기각할 수 있는 기준은 무엇일까요? 바로 P값입니다. P값이 0.05(5%) 미만이라면 귀무가설을 기각하고, 대립가설을 채택합니다.

1종 오류 vs. 2종 오류

가설 검정을 위해 귀무가설을 설정했다면 이후에는 정확한 실험을 통하여 귀무가설이 옳은지 또는 대립가설이 옳은지를 파악해야 합니다. 하지만 그 결과는 100% 완벽하지 않으며 잘못된 결론을 내릴 수도 있습니다. 이때 나오는 잘못된 결론을 통계학에서는 1종 오류와 2종 오류라고 지칭합니다.

- **1종 오류**: 귀무가설이 참인데 기각하는 경우
- **2종 오류**: 귀무가설이 거짓인데 채택하는 경우

	귀무가설이 참일 때	귀무가설이 거짓일 때
귀무가설 채택	옳은 결정	2종 오류
귀무가설 기각	1종 오류	옳은 결정

다시 통조림 사례로 이야기해 보면 실제 통조림 불량률은 3% 이상이지만, 통조림 불량률이 3%보다 낮다고 잘못 판단(귀무가설 기각)하면 1종 오류에 해당합니다. 반면, 실제 통조림 불량률이 3%보다 낮음에도 통조림 불량률을 3% 이상으로 잘못 판단(귀무가설 채택)하면 2종 오류에 해당합니다.

P값

P값은 귀무가설의 채택 여부를 결정하는 기준 값으로, 귀무가설이 옳다고 가정하고 확률을 구해서 참과 거짓을 판단합니다. 앞선 내용에서 P값이 0.05 미만이라면 귀무가설을 기각하고 대립가설을 채택한다고 언급하였습니다. 즉 어떤 사건이 우연히 발생할 확률이 5%보다 낮을 가능성은 거의 없으며, 만약 발생한다면 그것은 우연히 일어난 것이 아니라 유의(통계적으로 의미가 있음)했기 때문에 일어났다고 해석하는 것입니다.

통조림 불량률을 예시로 들자면, 생산된 통조림의 불량률이 3% 이상일 확률이 0.05보다 낮다는 것은 통조림의 불량률이 3% 이상일 가능성이 거의 없으며, 3%보다 낮을 것이라고 예측하는 것입니다. 따라서 통조림의 불량률이 3% 이상일 것이라는 귀무가설을 기각하고, 3%보다 낮다는 대립가설을 채택하게 되는 것입니다.

- **모집단, 전수 조사**: 모집단(전체 대상)을 전부 하나하나 조사하는 경우는 거의 없습니다.
- **표본, 표본 조사**: 표본 조사를 하면 오차가 발생하게 됩니다.
- **유의수준(오차한계) 5%**: 통계학에서는 주로 5%의 오차까지 허용합니다.
- **통계적 유의성**: 모집단에 대한 가설이 가지는 통계적 의미를 말합니다. 어떤 관찰 결과가 '통계적으로 유의하다.'라고 하면, 확률적으로 단순한 우연이라고 볼 수 없을 정도로 의미가 있다는 말입니다. 반대로 '통계적으로 유의하지 않다.'라고 하면 해당 값이 단순한 우연일 수도 있습니다.
- **신뢰수준 95%**: 유의수준 5%의 또다른 표현입니다.
- **귀무가설, 대립가설**: 주장하는 바를 대립가설로, 반대되는 것을 귀무가설로 설정합니다. 가설 검정은 귀무가설이 틀렸음을 증명해서 대립가설이 옳다고 추론하는 절차입니다.
- **1종 오류**: 귀무가설이 참인데 기각하는 경우입니다.
- **2종 오류**: 귀무가설이 거짓인데 기각하지 않는 경우입니다.
- **P값**: P값이 0.05보다 작다면 귀무가설을 기각하고 대립가설을 채택합니다.

기술 통계의 원리와 활용

데이터 분석에 통계를 사용하기에 앞서 꼭 필요한 기본 개념을 살펴봤으니, 본격적으로 실무에서 활용하는 통계에 대해 이야기해 보겠습니다. 가장 간단하면서도 쉽게 사용할 수 있는 통계 중 하나가 바로 기술 통계입니다.

앞서 전체 대상(모집단)을 조사하는 전수 조사는 실질적으로 실행이 어렵기 때문에 일부(표본)를 샘플링하여 조사를 진행한다고 했습니다. 표본에서 표본 표준 편차나 표본 평균 등 대푯값을 구하고 시각화와 현상 파악을 통해 표본의 특성을 규명하는 것을 기술 통계라고 합니다. 나아가 이러한 기술 통계에 의한 표본 정보를 이용하여 모집단의 특성을 파악하는 과정을 통계적 추론이라고 합니다. 다음 그림을 보면서 모집단과 표본을 다시 한번 확인해 보세요.

- **모집단**: 전체 대상의 데이터를 의미하며, 일반적으로는 획득할 수 없는 데이터입니다. 만약 모집단을 구할 수 있다면 완벽한 모집단의 평균을 모평균이라고 하고, 그리스 문자로 μ(뮤)라고 표기합니다. 또한, 완벽한 모집단의 표준 편차를 모표준 편차라고 하고, 그리스 문자로 σ(시그마)라고 표기합니다.

  TIP 표준 편차란 데이터의 평균을 중심으로 각 값이 얼마나 퍼져 있는지 나타내는 지표입니다.

- **표본**: 모집단의 일부를 샘플로 뽑은 데이터를 말합니다. 표본의 수를 표집 수라고 하며, n으로 표기합니다. 표본의 평균을 표본 평균이라고 하고, $\bar{X}$(엑스바)라고 표기합니다. 표본의 표준 편차를 표본 표준 편차라고 하고 S라고 표기합니다.

기술 통계의 개념

기술 통계는 표본 자체의 속성을 파악하는 데 주안점을 둡니다. 주로 표본이 속한 대상의 인구통계학적 속성과 함께 연구 문제나 가설에 포함된 개별적인 변인에 대한 표본 대상자의 응답, 즉 데이터 속성을 요약해 줍니다. 다음의 표는 주요 기술 통계 기법으로, 각 용어는 잠시 후에 좀 더 자세히 소개하겠습니다.

목적	측정 방법
데이터의 중심을 이해	• 산술 평균: 주어진 수의 합을 수의 개수로 나눈 값 • 중앙값: 크기 순서로 값을 정렬할 때 중앙에 위치한 값 • 최빈값: 주어진 값들 중 가장 많이 나오는 값
데이터가 흩어진 정도를 이해	• 분산: 주어진 값에서 평균을 뺀 값을 제곱해서 모두 더한 후 전체 개수로 나눈 값 • 표준 편차: 분산의 양의 제곱근 • 사분위수: 데이터 표본을 4개의 동일한 부분으로 나눈 값

통계적으로 사고하기

기술 통계에 사용되는 기법을 알아보기에 앞서 통계적으로 사고할 수 있는 방법을 간단히 살펴보겠습니다. 예를 들어, 어떤 해의 20대 남자의 평균 키는 174cm이며, 20대 여자의 평균 키는 160.54cm였다면 20대 남녀 평균 키에 대해 제대로 파악했다고 할 수 있을까요? 전체 데이터를 정확하게 파악하려면 다음과 같이 통계적 사고방식에 의한 추가 질문이 필요할 것입니다.

- 연령별 평균 키는?
- 연도별 평균 키는?
- 연령별/연도별로 편차는 얼마나 차이가 날까?
- 비교 기준별로 평균이 다르다면 가장 편차가 심한 기준은 무엇일까?
- 최솟값, 최댓값, 중앙값은?

다음 사례는 연도별 기술 통계법에 의한 요약 통계표로, 왼쪽은 2019년 남자, 오른쪽은 1990년 남자입니다. 요약 통계표를 보면 연도별로 평균이 다를 수 있으며, 1990년에 비해 2019년의 남성의 평균 신장과 분산이 크다는 사실을 알 수 있습니다. 즉, 모집단이 큰 데이터일수록 표본을 이용해 데이터의 특성을 정확하게 파악하려면 다양한 관점, 다시 말해 통계적 사고방식으로 데이터를 보아야 합니다.

Column1	
평균	153.6692
표준 오차	5.468504
중앙값	157.5
최빈값	#N/A
표준 편차	19.71697
분산	388.759
첨도	-1.45085
왜도	-0.4183
범위	53.1
최소값	121.1
최대값	174.2
합	1997.7
관측수	13
신뢰 수준(95.0	11.91485

Column2	
평균	148.25
표준 오차	5.409202316
중앙값	148.5
최빈값	#N/A
표준 편차	18.73802648
분산	351.1136364
첨도	-1.48512604
왜도	-0.18726646
범위	52
최소값	119
최대값	171
합	1779
관측수	12
신뢰 수준(	11.90557403

▲ 연도별 남자의 키 요약 통계표

중심을 의미하는 산술 평균, 중앙값, 최빈값

1, 2, 2, 3, 3, 3, 4라는 7개의 값이 있을 때 기술 통계 방법 중 중심을 의미하는 개념인 산술 평균, 중앙값, 최빈값을 구해 보고 의미를 파악해 보겠습니다.

• **산술 평균**: 산술 평균은 총합을 변수 n개로 나눈 값입니다. 즉, 주어진 숫자 7개의 총합을 구하고, 개수인 7로 나누면 산술 평균 2.57을 구할 수 있습니다. 이러한 산술 평균은 측정값의 분포가 비슷하거나 좌우 대칭의 종 모양인 정상 분포를 이룰 때 활용합니다. 남성 혹은 여성의 평균 키를 계산하는 것이 산술 평균에 해당합니다.

$$\frac{1+2+2+3+3+3+4}{7} = 2.57$$ 산술 평균

• **중앙값**: 중앙값은 변수들을 크기순으로 배열했을 때 중앙에 있는 수입니다. 여기

서는 숫자 7개 중 가운데에 있는 3이 중앙값에 해당합니다. 데이터의 분포가 크기순으로 정렬되었거나 비대칭을 이루고 있을 때는 산술 평균이나 최빈값보다 중앙값이 자료의 대표성을 높일 수 있습니다. 예를 들어, 연예인의 평균 수익과 같이 아주 극단적인 예외 값이 존재할 때 중앙값을 활용하는 것이 좋습니다.

$$1, \ 2, \ 2, \ \underline{\mathbf{3}}, \ 3, \ 3, \ 4$$

중앙값

- **최빈값**: 최빈값은 가장 많이 등장하는 수로, 7개의 숫자 중 3이 3번으로 가장 많이 등장하므로, 최빈값은 3입니다. 최빈값은 중앙값과 마찬가지로 극단적인 이상 값에 영향을 받지 않으므로 데이터가 서열 척도이거나 편향되어 있을 때 적절하며, 같은 관측치를 나타내는 관찰 대상의 규모 등을 파악할 때 사용합니다. 중앙값과 마찬가지로 아주 극단적인 예외 값이 존재할 때 활용하는 것이 좋습니다.

$$1, \ 2, \ 2, \ \underline{\mathbf{3, \ 3, \ 3}}, \ 4$$

최빈값

산포를 나타내는 편차, 표준 편차, 분산

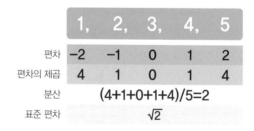

	1,	2,	3,	4,	5
편차	−2	−1	0	1	2
편차의 제곱	4	1	0	1	4
분산	(4+1+0+1+4)/5=2				
표준 편차	$\sqrt{2}$				

- **편차**: 편차는 하나의 데이터 값이 평균에서 얼마나 떨어져 있는지 나타내는 값입니다. 앞 예시에서 숫자 1, 2, 3, 4, 5의 평균은 3입니다. 그러므로 숫자 1의 편차는 1에서 평균 3을 뺀 −2가 됩니다. 마찬가지로 숫자 2의 편차는 2에서 평균 3을 뺀 −1이 됩니다.

- **분산**: 분산은 편차를 이용하여 구하는데 편차는 음과 양의 값을 가질 수 있으므로, 편차의 합을 양수화하기 위하여 제곱을 사용합니다. 즉, 분산은 편차의 제곱의 합을 구한 후 값의 개수로 나눈 값입니다. 앞의 사례를 보면 편차를 제곱한 값은 각각 4, 1, 0, 1, 4이므로 이 값들의 합인 10을 5로 나누면 분산 2가 구해집니다.
- **표준 편차**: 표준 편차는 분산에서 제곱근(루트)을 씌운 값입니다. 제곱의 합으로 계산한 분산의 값이 너무 크기 때문에 실제 값과 근사한 오차의 값을 구하기 위해 사용합니다.

시각적 패턴을 나타내는 왜도와 첨도

- **왜도**: 왜도는 분포의 비대칭성을 나타내는 척도입니다. 데이터가 대칭을 이룰수록 왜도 값은 0에 가까워지고, 데이터가 한쪽으로 치우칠수록 양수 또는 음수가 됩니다. 다음과 같은 2가지 형태로 나타납니다.

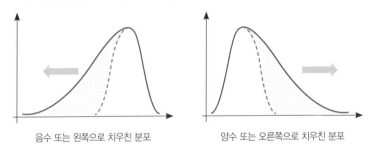

음수 또는 왼쪽으로 치우친 분포   양수 또는 오른쪽으로 치우친 분포

- 왼쪽 그래프는 분포의 양 끝에 해당하는 꼬리가 왼쪽을 가리키고, 왜도 값이 음수인 데이터입니다. 대표적으로 '고장률 데이터'가 있는데, 예를 들어 대부분의 전구는 오랫동안 켜져 있으나 일부의 전구는 고장이 납니다.
- 오른쪽 그래프는 분포의 꼬리가 오른쪽을 가리키고, 왜도 값이 양수인 데이터입니다. 대표적으로 '월급 데이터'가 있으며, 대부분의 직원이 받는 월급에 비해 소수의 임원이 더 많은 월급을 받고 있습니다.
- **첨도**: 첨도는 확률 분포의 꼬리가 두꺼운 정도를 나타내는 척도입니다. 데이터가

완전히 정규 분포를 따르는 데이터의 첨도 값은 0이며, 데이터의 꼬리 모습에 따라 첨도 값이 양수 또는 음수가 됩니다.

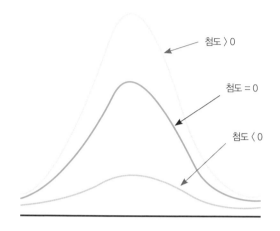

- 0이 아닌 첨도 값은 데이터가 정규 분포로부터 얼마나 벗어나 있는지 알게 해줍니다.
- 첨도 값이 양수이면 분포의 양 끝인 꼬리가 정규 분포보다 두껍다는 것을 의미합니다.
- 첨도 값이 음수이면 분포의 꼬리가 정규 분포보다 얇다는 것을 의미합니다.

• **히스토그램:** 히스토그램은 자료의 분포를 몇 개의 구간으로 나누고, 각 구간에 속하는 자료인 도수 분포를 파악하기 위해 시각화한 자료입니다. 주로 좌우 대칭 등의 유형으로 치우진 정도나 방향에 따른 패턴으로 인사이트를 파악하며, 데이터의 분포 특징 및 확인, 비정규 분포와 자료와는 극단적으로 다른 값인 이상값, 그룹 평가 및 비교 등에 활용합니다.

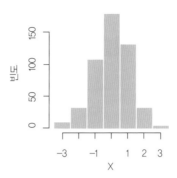

X의 히스토그램

- **박스 플롯:** 박스 플롯^{Box Plot}은 최솟값, 제1사분위수(Q1), 중앙값(Q2), 제3사분위수(Q3), 최댓값 등 5가지 요약 수치를 상자 수염 그림 또는 상자 그림으로 나타낸 것입니다. 히스토그램과 용도는 동일하지만, 히스토그램에 비해 집단이 여러 개일 때 한 공간에 나타내기 수월합니다.

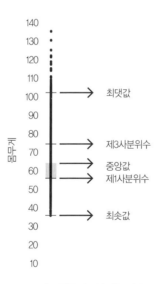

▲ 박스 플롯 차트를 읽는 방법

엑셀로 기술 통계 측정하기

예제 파일 기술통계.xlsx

예제 파일은 국내 철강 원자재 가격 데이터로, 연도별 가격 추이가 정리되어 있습니다. 지금부터 기술 통계를 이용하여 데이터의 특성을 이해하고, 요약하는 과정을 실습해 보겠습니다.

	A	B	C	D	E	F	G	H	I
1	연도-월	철광석($/톤)	유연탄($/톤)	철스크랩($/톤)	철스크랩(엔/톤)	철근(천원/톤)	열연(천원/톤)	후판(천원/톤)	냉연(천원/톤)
2	20-5	95	91	195	17750	648	660	650	718
3	20-4	84	111	202	17980	645	675	665	736
4	20-3	88	145	229	18525	596	700	695	740
5	20-2	87	142	236	19575	590	710	710	730
6	20-1	92	130	243	23060	591	702	702	716
7	19-12	91	121	222	22675	539	698	698	710
8	19-11	85	122	200	21093	568	690	690	713
9	19-10	89	125	189	21160	610	706	714	734
10	19-9	93	128	223	22850	648	728	728	748
11	19-8	90	140	242	24400	666	726	726	750
12	19-7	117	165	226	24420	687	720	720	752
13	19-6	111	179	238	27275	696	735	738	754
14	19-5	99	184	269	28920	695	734	744	750
15	19-4	93	178	296	31700	696	735	745	750
16	19-3	86.2	180.1	309.7	31500	695	726	736	712
17	19-2	88.9	180.4	293.6	28700	694	714	724	690
18	19-1	77.3	179.1	303	28260	688	706	721	730
19	18-12	70.5	185.2	324.9	28600	711	720	745	783
20	18-11	72.2	193.6	323.4	32360	721	736	789	810
21	18-10	72.9	185.1	305.1	34725	699	740	795	810
22	18-9	69.3	176.8	301.3	34075	668	740	795	810
23	18-8	67.3	159	321.1	33440	683	730	792	810

철광석 자료의 기술 통계표 작성 및 히스토그램 분석

여기서는 여러 원자재 중 철광석에 대한 기술 통계 실습을 진행합니다. 나머지 자료 역시 동일한 과정을 진행되므로, 철광석 자료 실습 후 나머지 자료를 이용해 복습해 보길 바랍니다.

엑셀의 데이터 분석 도구는 기본으로 설치되어 있으나 활성화되어 있지 않습니다. 그러므로
다음과 같은 과정으로 활성화해야 합니다.

1. 엑셀을 실행한 후 [파일] 탭에서 [옵션]을 클릭하면 'Excel 옵션' 대화상자가 열립니다. 여
   기서 왼쪽에 있는 [추가 기능] 분류를 클릭한 후 추가 기능 목록에서 [분석 도구 팩]을 선택
   하고 [이동] 버튼을 클릭합니다.

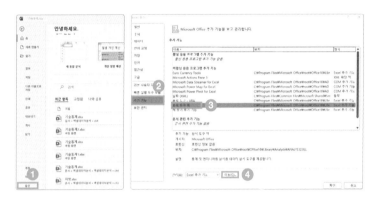

2. '추가 기능' 대화상자가 열리면 [분석 도구 팩]에 [체크]한 후 [확인] 버튼을 클릭합니다. 대
   화상자가 닫힌 후 리본 메뉴를 확인하면 [데이터] 탭에 [데이터 분석]이 추가되어 있습니다.

01 **기술 통계표 작성하기** [기술통계.xlsx] 예제 파일을 열고, [데이터] 탭에서 [데이터 분석]을 클릭합니다. '통계 데이터 분석' 대화상자가 열리면 [기술통계법]을 선택한 후 [확인] 버튼을 클릭합니다.

02 '기술 통계법' 대화상자가 열리면 [입력 범위]에 철광석 가격 데이터인 [B1:B108]을 직접 입력하거나 [B1]셀을 선택한 후 Shift + Ctrl + ↓를 눌러 범위를 지정합니다.

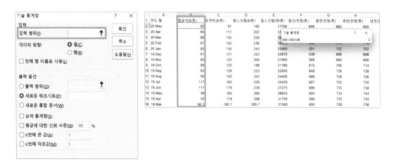

TIP 범위를 지정할 때는 범위의 첫 번째 셀을 선택한 후 Ctrl + Shift 와 함께 연속된 범위의 방향키를 누릅니다.

03 선택한 범위에 열 머리글이 포함되어 있으므로, [첫째 행 이름표 사용]에 [체크]하고, [출력 범위] 입력란에 분석 결과가 표시될 시작 셀(K1)을 직접 입력하거나 해당 셀을 클릭해서 지정합니다. [요약 통계량]과 [평균에 대한 신뢰 수준]에도 각각 [체크]한 후 [확인] 버튼을 클릭합니다.

04 다음과 같이 출력 범위로 지정한 [K1]셀부터 기술 통계 분석 결과가 표시됩니다. 각 값에 따른 분석은 추후 진행합니다.

K	L
철광석($/톤)	
평균	91.83271028
표준 오차	3.309674606
중앙값	85
최빈값	93
표준 편차	34.23554033
분산	1172.072222
첨도	-0.514163196
왜도	0.648866387
범위	142.3
최소값	36.7
최대값	179
합	9826.1
관측수	107
신뢰 수준(95.0%)	6.561751811

기술 통계표 작성하기 [데이터] 탭 → [데이터 분석] → [기술 통계법] 선택 후 확인 → 분석할 데이터 범위 지정 → 열 머리글 포함 여부 체크 → 출력 범위 지정 → [요약 통계량] 및 [평균에 대한 신뢰 수준] 체크 → 확인

05 히스토그램 작성하기 히스토그램 작성은 기술 통계표 작성 과정과 유사
합니다. [데이터] 탭에서 [데이터 분석]을 클릭하고, '통계 데이터 분석' 대화
상자에서 [히스토그램]을 선택한 후 [확인] 버튼을 클릭합니다.

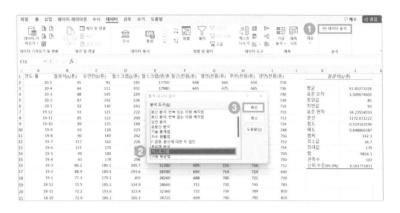

06 '히스토그램' 대화상자의 [입력 범위]에 철광석 자료가 있는 [B1:B108] 범
위를 지정하고, [이름표], [누적 백분율], [차트 출력]에 [체크]합니다. [출력 범
위]를 선택하고 결과가 출력된 시작 셀(K18)을 지정한 후 [확인] 버튼을
클릭합니다.

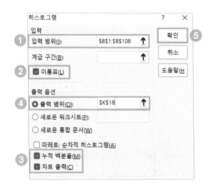

07 출력 결과를 보면 기술 통계표의 값(왜도: 약 0.64, 첨도: 약 −0.5)으로 알 수 있듯이 분포의 꼬리가 정규 분포에 비해 얇고, 오른쪽으로 치우쳐 있습니다. 또한 값의 분포를 일목요연하게 확인할 수도 있습니다.

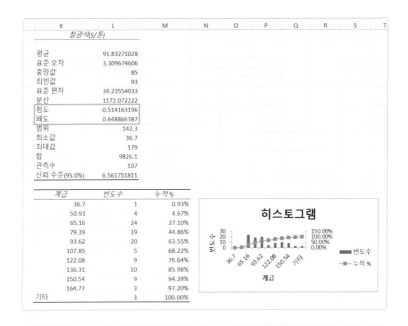

기술 통계표 작성하기 [데이터] 탭 → [데이터 분석] → [히스토그램] 선택 후 확인 → 분석할 데이터 범위 지정 → [이름표], [누적 백분율], [차트 출력] 체크 → 출력 범위 지정 → 확인

기술 통계 결과 분석

앞서 실습 과정을 참고하여 철광석 이외에 철스크랩, 열연, 냉연 자료를 이용하여 기술 통계표를 작성하면 다음과 같습니다.

철스크랩($/톤)		열연(천원/톤)		냉연(천원/톤)	
평균	291.6222643	평균	711.5046729	평균	845.7336449
표준 오차	6.849988166	표준 오차	8.821256187	표준 오차	12.67000304
중앙값	305.1	중앙값	726	중앙값	810
최빈값	351.1811024	최빈값	700	최빈값	950
표준 편차	70.85682856	표준 편차	91.24778352	표준 편차	131.0595306
분산	5020.690153	분산	8326.157997	분산	17176.60056
첨도	-0.905673881	첨도	0.01936967	첨도	-0.64912293
왜도	-0.224167976	왜도	-0.297426053	왜도	0.363123192
범위	277.8208661	범위	418	범위	605
최소값	138.6811024	최소값	490	최소값	575
최대값	416.5019685	최대값	908	최대값	1180
합	31203.58228	합	76131	합	90493.5
관측수	107	관측수	107	관측수	107
신뢰 수준(95.0%)	13.58076778	신뢰 수준(95.0%)	17.48899836	신뢰 수준(95.0%)	25.11951334

TIP 위 3개의 기술 통계표는 원자재별로 채우기 색을 다르게 표현했습니다. 채우기 색은 범위 선택 후 [홈] 탭의 [글꼴] 그룹에서 페인트통 모양 아이콘인 [채우기 색]을 클릭하여 변경할 수 있습니다.

앞의 기술 통계표를 보면서 기술 통계 결과를 비교 분석해 보겠습니다. 여기서는 여러분이 원자재 구매 의사 결정권자라고 가정해 보세요. 위 3가지 원자재에 대한 기술 통계표를 분석하여 가장 좋은 원자재를 선택해야 합니다. 이때, 원활한 비교 분석을 위해 다음 2가지를 가정하고 시작하겠습니다.

- 가장 좋은 원자재는 가격 변동성이 가장 낮은 것이다.
- 환율 $1는 1,000원이다. 즉, 원자재 가격에서 화폐 단위는 동일하다고 가정한다.

가격 변동성을 확인하려면 원칙적으로는 다양한 대내외 변수를 고려해야 하지만, 여기서는 기술 통계 결과를 어떻게 분석할 수 있는지 학습하는 데 의의가 있으므로, 비교적 단순화하여 분석합니다.

첨도 비교 첨도 값이 클수록 데이터 값들이 평균으로 몰린다는 의미이며, 값들이 평균으로 몰리면 가격 변동성이 낮다고 해석할 수 있습니다. 그러므로 원자재들의 기술 통계표에서 첨도를 통해 원자재의 가격 변동성이 낮은지 확인할 수 있습니다. 각 원자재의 첨도는 다음과 같으므로, 열연의 가격 변동성이 가장 낮다는 것을 파악할 수 있습니다.

- **철스크랩**: 약 −0.91
- **열연**: 약 0.02
- **냉연**: 약 −0.65

표준 편차 비교 표준 편차는 각 데이터 값이 평균에서 얼마나 떨어져 있는지를 나타내는 값이라고 했습니다. 그러므로 표준 편차를 활용해도 가격 변동성을 확인할 수 있습니다. 기술 통계표에서 각 원자재 값의 표준 편차를 확인해 보면 다음과 같습니다.

- **철스크랩**: 약 70.86
- **열연**: 약 91.25
- **냉연**: 약 131.06

평균 비교 앞의 수치만 보면 철스크랩의 표준 편차가 가장 적습니다. 그렇다면 철스크랩의 가격 변동성이 가장 낮다고 할 수 있을까요? 단순히 표준 편차만으로 가격 변동성을 판단하기에는 무리가 있습니다. 추가로 다음의 원자재별 평균을 확인해 보세요.

- **철스크랩**: 약 291.62
- **열연**: 약 711.5
- **냉연**: 약 845.73

표준 편차와 평균 비교 기술 통계 결과에서 알 수 있듯이 각 원자재의 평균은 다릅니다. 그러므로 표준 편차만 비교하거나 평균만 비교해서는 가격 변동성을 판단하기 어렵습니다. 그러므로 표준 편차와 평균을 함께 비교해야 합니다.

원자재 중 첨도로 파악했을 때 가격 변동성이 가장 낮은 열연을 철스크랩과 비교해 보겠습니다. 우선 철스크랩은 평균 291에서 70만큼 변화가 있고, 열연은 711에서 91만큼 변화가 있습니다. 과연 철스크랩이 열연보다 가격 변동성이 낮다고 해석할 수 있을까요? 즉, 표준 편차를 이용해 분석할 때는 항상 평균이라는 상대적인 값까지 고려하여, 표준 편차를 평균으로 나눔으로써 좀 더 정확하게 해석할 수 있습니다.

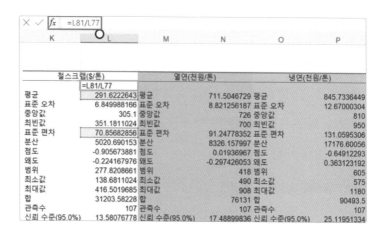

앞과 같이 기술 통계표를 정리했다면 빈 셀에서 [=표준 편차 / 평균]이 되도록 수식을 작성하여 계산하면 됩니다. 결과는 아래와 같으며, 이 결과를 통해 열연의 가격 변동성이 가장 낮다는 것을 확인할 수 있습니다.

- **철스크랩**: 약 0.24   - **열연**: 약 0.13   - **냉연**: 약 0.15

4.3

문제 해결을 위한
통계적 추론 이해하기

기술 통계에 대해 어느 정도 파악했다면 통계적 추론을 이해해야 이를 활용할 수 있습니다. 통계적 추론을 하는 이유는 전체 모집단을 조사하는 것이 불가능하기 때문입니다. 따라서 작은 집단의 정보를 활용하여 더 큰 모집단의 속성을 추론합니다.

여러 연구자들이 정의한 통계적 추론의 개념

연구자들은 통계적 추론을 어떻게 정의할까요? 여러 연구자들이 설명하는 통계적 추론의 개념을 간단하게 살펴보세요.

> 통계적 추론은 자료와 가능성에 대한 아이디어를 토대로 통계 결과를 해석하고 추리할 수 있으며, 통계적 결론이 나온 이유를 설명할 수 있는 능력을 말합니다. 통계적 추론은 통계적 문제 해결의 모든 단계에서 나타날 수 있는데, 통계 질문을 만들고 모집단으로부터 자료를 수집하고 그 질문과 수집 방법이 결과에 어떻게 영향을 미치는지를 생각해 보도록 할 때 추론이 촉진되고 활성화될 수 있습니다.
>
> 출처: 이은정, 박민선(2019), "통계적 문제해결 과정에서 나타난 예비초등교사들의 통계적 추론 분석: 질문 생성 단계를 중심으로", 초등수학 제22권, 제4호, 205-221

Robert C. delMas는 통계적 개념을 이용해 자료에 대한 결론을 예측하고, 결론이 나온 이유와 타당성을 설명할 수 있는 능력을 '통계적 추론'이라고 설명했습니다. Dani Ben-Zvi와

Joan Garfield는 통계적 추론을 통계적 아이디어를 통해 추론하고 통계적 정보를 이해하고 설명하며 해석하는 방식으로 정의하였습니다. 이는 자료 집합, 자료의 표현, 자료의 통계적 요약에 기초하여 해석하는 것을 포함하며 하나의 개념을 다른 개념과 연결시키는 것을 의미하기도 합니다.

출처: 박샛별, 신보미(2018), "통계적 추론에 대한 관찰평가도구 개발", 교육과학연구, 315-339

통계는 현실 상황과 밀접한 관련이 있고, 실생활의 복잡한 문제를 해결하려면 우선적으로 문제의 원인들을 파악해야 하기에 통계적 사고가 필요합니다. 예를 들어 신문이나 뉴스에서는 통계량을 이용해 많은 정보를 제공하는데, 우리는 이를 해석하고 비판적으로 볼 수 있어야 합니다. (중략) 2000년대 이후로 빅데이터가 이슈가 되면서 한 번에 많은 양의 자료를 수집하여 분석할 수 있는 것이 중요해졌습니다. 많은 양의 자료를 분석이 아닐지라도 우리 주변에 넘치는 많은 정보 중 필요한 것을 적절하게 선별하고 분석하여 원하는 결과를 도출하려면 통계적 추론 능력이 필요합니다.

통계적 추론은 다양한 자료들이 우리 주변에 존재하고 있음을 인식하는 것에서 시작합니다. 이러한 다양한 자료들이 가지고 있는 공통적인 특성을 찾고 이것이 갖는 의미를 해석하는 것이 통계적 추론 과정입니다. 통계적 추론은 표본에서 모집단에 대한 정보를 얻는 과정이므로 데이터로부터 추론하며 표본의 특성, 표본 추출 과정, 변산도 및 무작위 추출을 이해하는 것이 중요합니다.

출처: 이선정, 김구연(2019), "한국과 미국 중학교 교과서의 통계 영역 수학과제가 제시하는 통계적 추론에 대한 학습기회 탐색", 數學敎育 제58권, 제1호, 139-160.

통계적 추론은 자료를 요약하거나 예측하고 자료로부터 결론을 이끌어 내기 위해 통계적 도구와 개념을 이용할 수 있으며, 통계적 결론이 나온 이유나 타당성을 설명할 수 있는 능력을 말합니다. 통계적 결과가 나온 이유나 타당성을 설명하기 위해서는 자료 산출 및 분석 등의 통계적 문제해결 과정 전반에 대한 이해가 우선적으로 필요합니다. 즉, 통계적 추론은 '단순히 자료의 평균이나 중앙값을 구하는 문제'보다 '통계적인 질문을 설정하거나 모집단으로부터 자료를 수집하는 방법을 묻는 문제' 또는 '통계적 결론을 이끌어내는 데 표본이 미치는 영향을 생각해 보도록 하는 문제'를 해결할 때 좀 더 활성화됩니다. (중략) 통계적 추론은 통계적 과정을 이해하고 설명하며 통계적 결과를 해석하는 능력으로, 이는 중심, 퍼짐, 불확실성, 표본, 상관관계 등과 같은 통계적인 아이디어 및 이들 사이의 관계에 대한 개념적 이해를 토대로 합니다.

출처: 신보미(2018), "교사들의 통계적 추론", 분석교육과정평가연구, Vol. 21, No. 2, 103-128

통계적 추론은 현실에서 추론의 근거인 자료를 통계적으로 수집, 정리, 분석하고 이 자료를 기반으로 추론하는 사고 방법입니다. 연역적 추론과 귀납적 추론으로 크게 구분되는 추론은 이미 알고 있는 사실에서 새로운 사실을 이끌어 내는 사유 방법입니다. 추론은 일상에서 매순간 작용된다고 볼 수 있는데, 귀납과 연역적 추론 이외에도 귀납적 사고를 근간으로 하는 통계적 추론은 일상에 자주 활용되는 추론이라 할 수 있습니다. 즉, 아동이 놀이 순서를 가리기 위해 가위바위보를 하는 것이 타당한 이유를 경험적으로 파악하고, 학생들은 의사소통에서 평균 키나 전형적인 나이와 같은 표현의 통계적 의미를 명확히하며, 성인들에게 미디어 매체가 기사에 제시하는 통계적 주장의 근거를 탐색하도록 하는 통계적 추론은 우리의 일상과 밀접한 관련을 맺고 있습니다.

확률/통계적으로 추론한다는 것은 불확실하고 불규칙적인 대상 또는 상황에 대해서 확률/통계적 방법으로 사고한다는 것을 의미합니다. 확률적 추론은 우연을 사고의 주요한 대상으로 삼는다면, 통계적 추론은 자료와 맥락을 사고의 기반으로 한다는 차이가 있습니다.

출처: 이종학(2014), "초등 예비교사의 통계적 추론 능력에 대한 연구", 교사교육연구, 53(4), 559–580

통계적 추론은 통계적 정보로부터 또 다른 정보를 이끌어 내거나 정보를 판단하는 사고 수단입니다. 통계에서는 자료 그 자체와 함께 통계적인 방법을 동원하여 자료 너머를 탐색하고 추측하는 사고 활동인 통계적 추론이 통계적 사고의 중심이 됩니다. 또한 통계는 확률을 이용해 실제적인 자료를 처리하는 방법을 다루는 분야이므로, 통계 영역에서의 추론은 상황에 근거하며 자료에 의존적인 귀납적 추론을 주로 사용합니다. 귀납적 추론을 근간으로 하는 통계적 추론은 방대한 자료를 대신할 일부 자료인 표본을 토대로 하여 전체 자료인 모집단의 여러 가지 특징들에 대해서 추론하는 것입니다. 예를 들어 지구가 태양 주위를 돈다는 것을 연역적으로 추론하는 경우는 지구과학의 일반화된 법칙에 의존하여 내일도 지구가 태양의 주위를 돈다는 것을 증명하는 것이지만 귀납적 추론을 바탕으로 하는 통계적 추론은 수집한 자료에 근거하여 내일에 대한 이 확신를 믿는 것이 타당한지를 확률적으로 답합니다.

출처: 이종학(2011), "예비 교사의 통계적 추론 능력에 대한 연구", 한국학교수학회논문집 제14권 제3호, 299–327

■ 통계적 추론의 사례

실생활과 업무에 통계적 추론이 적용된 사례를 몇 가지 살펴보겠습니다.

가계 포트폴리오의 위험 수준 측정 "평균-분산 모형을 이용한 가계 포트폴리오의 위험 수준 측정" 연구에서는 2001년 1월부터 2008년 8월까지의 종합주가지수^{KOSPI}, 회사채 총수익률지수, 정기예금금리, 주택매매가격 종합지수를 바탕으로 주식과 채권, 무위험자산 및 부동산의 표준 편차를 산출하여 자산별 위험을 측정하였고, 이를 2007년 펀드투자자 조사 자료에 대입하여 가계 포트폴리오의 위험 수준을 측정하였습니다. 이처럼 지표를 통해 투자 활동이나 재무 설계 시 가계 포트폴리오의 위험 수준을 파악하여 투자 의사 결정에 도움을 얻을 수 있습니다.

소셜미디어 및 웹사이트의 상관관계 측정 어도비^{Adobe}에서는 디지털 게시자의 소셜미디어 활동과 웹사이트 방문 간 잠재적인 관계를 이해하고자 하였습니다. 이에 따라 어도비 디지털 게시자의 2주간 시간별 트위터 언급과 웹사이트 방문 간의 긍정적인 관계를 도출하였습니다.

TV 드라마의 화제성지수와 시청률 간 상관관계 측정 "화제성지수와 시청률의 상관관계"라는 연구에서는 시청자들의 프로그램 반응을 분석하기 위한 화제성지수를 제안하고, 해당 지수의 타당성을 검증하기 위해 2016년 기준, 13개월 동안 방송된 지상파, 종편, 케이블 방송사 드라마 44편을 대상으로 시청률과 화제성지수를 조사했습니다. 그 결과 시청률과 화제성지수 간의 상관관계가 유의미한 것으로 나타났으며, 드라마 속성(편성 요일, 방송사 유형, 장르)별로 시청률과 화제성지수는 차별적으로 나타났습니다.

집값 예측 보스턴의 506개 타운town에서 13개의 독립 변수로 회귀 분석을 실시하여 해당 타운의 주택 가격을 예측할 수 있었습니다. 여기서 사용한 독립 변수로는 범죄율, 면적 비율, 일산화질소 농도, 방의 수, 재산세율, 직업 센터와의 거리 등입니다. 수집한 데이터를 바탕으로 방 개수가 증가할수록 집값은 증가하는 경향이 뚜렷하다는 것을 알 수 있었으며, 건물 노후화 정도와 집값은 관계가 없다는 사실을 알 수 있었습니다.

당뇨병 진행도 예측 442명의 당뇨병 환자를 대상으로 한 조사에서 회귀 분석을 활용하여 당뇨병 진행도를 예측할 수 있었습니다. 독립 변수로는 나이, 성별, BMI 지수, 평균 혈압, 혈액검사 수치 등을 사용했습니다. 조사한 데이터를 바탕으로 BMI 지수와 평균 혈압이 당뇨병 진행도와 양의 상관관계를 가지고 있다는 사실을 알 수 있었습니다.

> **TIP** 분석 모델에서 원인이 되어 다른 변수에 영향을 주는 변수를 독립 변수라고 하고, 다른 변수로부터 영향을 받아 결과가 되는 변수를 종속 변수라고 합니다. 예를 들어, 경력이 연봉에 미치는 경우를 회귀 분석한다면 경력은 독립 변수, 연봉은 종속 변수가 됩니다.

📊 통계적 추론과 문제 해결

최근 유수의 글로벌 기업에서는 조직의 목표와 그 결과를 정의하고 추적하기 위하여 그로스 해킹Growth Hacking이라는 성과 측정 방식을 운용하고 있습니다. 그로스 해킹은 객관적인 수치로 환산할 수 있는 데이터를 철저히 분석하여 타깃 고객의 니즈를 파악하고, 그 인사이트로 전략을 수립하는 것입니다. 이때 무엇보다 중요한 것은 타당한 데이터 소스를 이용했는지 여부입니다.

- Spotify = 청취 시간
- Airbnb = 예약된 숙박 일수
- Facebook = 월간 활성 사용자

위 목록은 서비스와 해당 서비스의 북극성 지표^{north star metric}입니다.

맨눈으로도 잘 보이는 북극성은 밤하늘에서 방향을 설정할 때 사용합니다. 이런 이름을 차용한 북극성 지표는 회사의 장기적인 성장 방향을 잡는 데이터이며, 이 개념을 데이터 분석 방향 설정에 사용하면 무의미한 데이터로 추론하는 시간 낭비를 하지 않는다는 장점이 있습니다.

북극성 지표와 비슷하지만 조금 더 단기적인 성과 달성에 사용할 수 있는 것으로 OMTM^{One Metric That Matters}이 있습니다. 이는 목표를 설정하고 그 결과를 측정할 수 있도록 한다는 목표 설정 프레임워크인 OKR^{Objective and Key Result}에서 사용하는 개념으로, 현 시점에서 가장 중요한 하나의 지표에 집중하자는 것입니다. 다음은 OMTM의 장점입니다.

- 지금 가지고 있는 가장 중요한 질문에 대한 답을 제공한다.
- 지금 잘하고 있는지에 대한 상황 판단이 가능하다.
- 넓은 시야에서 서비스를 바라보고, 서비스 자체에 초점을 맞출 수 있다.
- 모든 구성원들이 동일한 방향을 바라보도록 하며, 그 과정에서 실험, 측정, 판단의 문화를 가질 수 있다.

5장

데이터를 비교하고
유의미한 차이를
알아내는 기술

평균의 유의미한 차이를
검정하는 Z 검정, T 검정

예제 파일 Z검정.xlsx, T검정1.xlsx, T검정2.xlsx

Z 검정과 T 검정은 평균의 차이만으로 두 집단을 비교하는 것을 넘어 그 차이의 정도가 통계적 유의성이 있는지 검정할 때 사용하는 방법입니다. Z 검정은 모집단의 분산 값을 알고 있을 때, T 검정은 모집단의 분산 값을 모를 때 사용하며, 모집단의 분산 값을 모를 때가 많으므로 T 검정이 주로 사용됩니다.

Z 검정과 T 검정을 위한 사전 지식 쌓기

Z 검정과 T 검정은 두 집단의 평균을 비교하고, 평균의 차이에서 의미를 찾고자하는 방법이죠. 이를 알아보기 위해 우리는 다음과 같은 대립가설과 귀무가설을 세울 수 있습니다.

Link 귀무가설과 대립가설의 정의는 112쪽을 참고합니다.

- **대립가설**: 두 집단의 평균에는 유의미한 차이가 있다.
- **귀무가설**: 평균의 차이가 없다.

통계학에서 대립가설인 '두 집단의 평균에는 유의미한 차이가 있다.'를 증명할때는 반대되는 가설인 귀무가설, '평균의 차이가 없다.'를 기각하는 방법을 사용합니다. 이때 우리가 확인해야 하는 것이 바로 P값입니다.

P값은 귀무가설이 참이라고 주장할 수 있는 값들이 실제로 관측될 확률이라고 할 수 있으며, 그 확률이 낮을수록 귀무가설을 기각할 증거가 강하다는 말이죠. 흔히 검정 결과 P값이 0.05보다 작으면 귀무가설이 기각되어 '두 집단의 평균에는 유의미한 차이가 있다.'라는 대립가설이 참이 되고, 반대로 P값이 0.05보다 크거나 같으면 '두 집단 간의 평균에는 유의미한 차이가 없다.'는 결론을 얻게 되는 것입니다.

등분산 검정과 이분산 검정 T 검정은 다시 등분산 검정과 이분산 검정으로 구분할 수 있는데요, 이름에서 어느 정도 유추가 되듯이 등분산은 두 집단의 분산이 같다고 가정하는 것이고, 이분산은 두 집단의 분산이 다르다고 가정하는 것입니다.

앞서 설명했듯이 T 검정은 모집단의 분산 값을 모를 때 사용하므로, '분산이 같다.'고 가정하는 등분산 가정 T 검정과 '분산이 다르다.'고 가정하는 이분산 가정 T 검정으로 구분하는 것입니다.

단측 검정과 양측 검정 가설을 세울 때 어느 한쪽으로 방향을 정할 수도 있고 혹은 방향을 정하지 않을 수도 있습니다. 'A 집단의 평균이 더 클 것이다.'처럼 가설의 방향을 알고 있거나 편견을 가지고 있는 상태에서 가설을 세우면 단측 검정, '두 집단 사이에 차이가 있다.'와 같이 어느 한 쪽으로 방향을 정하지 않고 가설을 세우면 양측 검정에 해당됩니다. 단측 검정과 양측 검정에 따라 귀무가설과 대립가설도 다음과 같이 달라집니다.

- 단측 검정(A 집단의 평균이 더 클 것이다)
  - **귀무가설**: 두 집단의 평균 차이가 0이다.

- **대립가설**: A 집단의 평균이 더 크다.

- **양측 검정(두 집단 사이에 차이가 있다)**
  - **귀무가설**: 두 집단의 평균 차이가 0이다.
  - **대립가설**: 두 집단의 평균 차이가 0이 아니다.

지금까지 Z 검정과 T 검정, 그리고 단측 검정과 양측 검정에 개념에 대해 어느 정도 파악했습니다. 이제부터 본격적으로 엑셀을 이용해 각 검정 방법을 실습해 보겠습니다.

엑셀에서 Z 검정 실습하기

[Z검정.xlsx] 예제 파일을 실행하여 Z 검정 방법부터 실습해 보겠습니다. 제공되는 예제 파일은 다음과 같이 남자와 여자로 구분한 임의의 데이터입니다.

	A	B	C	D	E	F	G	H	I	J	K
1	남자	여자		분산(남)	분산(여)						
2	67.1	31.8									
3	51.29	33.14									
4	60.64	29.93									
5	55.2	32.91									
6	15.03	37.72									
7	38.69	33.44									
8	36.15	28.48									
9	49.34	28.22									
10	58.55	27.89									
11	40.01	42.18									
12	35.54	32.9									
13	61.01	31.8									
14	47.28	34.51									
15	16.01	54.04									
16	44.93	29.93									
17	54.23	36.19									
18	46.01	33.33									
19	41.14	39.69									
20	24.02	33.88									

실습하려는 Z 검정은 비교할 두 집단의 분산 값을 알고 있을 때 사용하는 분석 방법입니다. 그러므로 두 집단의 분산을 구하는 과정부터 시작합니다. 엑셀에서 분산Variance을 구할 때는 VAR 함수를 사용하며, 전체 모집단의 분산을 구할 때는 =VAR.P(모집단 범위)를, 표본 집단의 분산을 구할 때는 =VAR.S(표본 집단 범위)를 입력합니다. 여기서 P는 모집단Population을, S는 표본 집단Sample을 의미합니다.

01 **분산 구하기** [D1:E2] 범위에 각 집단의 분산 값을 구하겠습니다. 먼저 [D2]셀에 =VAR.P(A2:A40)을 입력하여 남자 그룹의 분산을 구합니다.

TIP 모집단의 범위 인수를 입력할 때는 첫 번째 값이 있는 셀을 선택한 후 Ctrl + Shift 를 누른 채 데이터가 입력된 방향의 방향키를 누르면 빠르게 범위를 선택할 수 있습니다.

02 남자 그룹의 분산 '137.7293'을 확인한 후 **[E2]**셀로 자동 채우기 하여 여자 그룹의 분산까지 구합니다.

03 Z 검정 실행 각 집단의 분산으로 Z 검정을 실습하기 위해 **[데이터]** 탭에서 **[데이터 분석]**을 클릭합니다.

> **Link** [데이터 분석] 메뉴가 보이지 않으면 123쪽을 참고하여 해당 기능을 활성화합니다.

> **TIP** 엑셀에서 제공하는 데이터 분석 도구를 이용하여 Z 검정과 같은 다양한 데이터 분석을 실행할 수 있습니다. 단, 엑셀의 데이터 분석 도구는 기본으로 설치되어 있으나 활성화되어 있지 않으므로 활성화 과정을 먼저 진행해야 합니다.

04 '통계 데이터 분석' 대화상자가 열리면 분석 도구 목록 중 [z-검정: 평균에
대한 두집단]을 선택하고 [확인] 버튼을 클릭합니다.

05 'z-검정: 평균에 대한 두집단' 대화상자가 열리면 [변수 1 입력 범위](남자
그룹)에 [A1:A40]을, [변수 2 입력 범위](여자 그룹)에 [B1:B40]을 각각 지
정하고, [가설 평균차]는 0으로 입력합니다.

TIP 가설 검정은 귀무가설(두 집단의 평균 차이가 0이다)을 검증하여 기각함으로써 주장하고자 하
는 바가 참임을 증명하는 것입니다. 그러므로 [가설 평균차] 옵션에 [0]을 입력하여 차이가 없는지 확
인하는 것입니다.

06 **[분산–기지값]** 옵션에 미리 구해 놓은 각 집단의 분산을 입력하고 **[이름표]**
에 **[체크]**합니다. 분석 결과가 출력될 위치를 지정하기 위해 **[출력 범위]** 옵
션을 선택하고 **[F4]**셀을 지정한 후 **[확인]** 버튼을 클릭합니다.

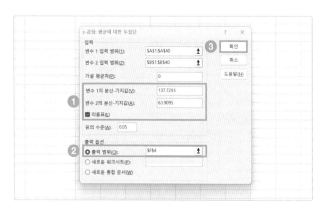

> **TIP** '분산–기지값'이란 이미 알고 있는 분산 값을 뜻하며, 두 집단의 데이터 범위를 지정할 때 열 머
> 리글까지 포함했다면 [이름표] 옵션에도 반드시 [체크]해야 합니다.

07 **검정 결과 확인하기** 앞서 지정한 **[F4]**셀을 기준으로 다음과 같은 검정 결
과가 출력됩니다. 여기서 우리가 가장 주목해야 할 내용은 P값으로, 소수
점 자릿수가 많아 값이 제대로 표시되지 않은 것을 확인할 수 있습니다.

z-검정: 평균에 대한 두 집단		
	남자	여자
평균	46.35846	35.32872
기지의 분식	137.7293	63.9095
관측수	39	39
가설 평균치	0	
z 통계량	4.85077	
P(Z<=z) 단	6.15E-07	
z 기각치 단	1.644854	
P(Z<=z) 양	1.23E-06	
z 기각치 양	1.959964	

08 정확한 값을 확인하기 위해서는 셀 서식을 변경해야 합니다. P값이 있는
[G12]셀과 [G14]셀을 선택하고 **[마우스 우클릭]** 후 **[셀 서식]**을 선택하거나
단축키 Ctrl + 1 을 누릅니다.

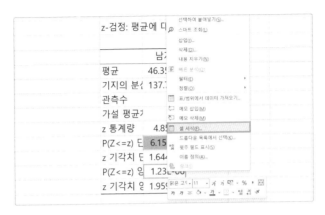

09 '셀 서식' 대화상자가 열리면 **[숫자]** 범주를 선택하고 **[소수 자릿수]**에 [10]
혹은 그 이상으로 설정한 후 **[확인]** 버튼을 클릭합니다.

10 단측 검정과 양측 검정 모두 P값이 0.05보다 작습니다.

Link 단측 검정과 양측 검정에 대한 개념 설명은 139쪽을 참고하세요.

z-검정: 평균에 대한 두 집단		
	남자	여자
평균	46.35846154	35.32872
기지의 분산	137.7293	63.9095
관측수	39	39
가설 평균차	0	
z 통계량	4.850769831	
P(Z<=z) 단측 검정	0.0000006149	
z 기각치 단측 검정	1.644853627	
P(Z<=z) 양측 검정	0.0000012298	
z 기각치 양측 검정	1.959963985	

위 실습을 통해 증명하고자 하는 바는 다음과 같습니다.
- **단측 검정 대립가설**: 여자 그룹보다 남자 그룹의 평균이 더 크다.
- **양측 검정 대립가설**: 어느 쪽일지는 모르지만 두 그룹의 평균에는 차이가 있다.

Z 검정 실습 결과 단측 검정과 양측 검정의 P값이 0.05보다 작으므로 '두 집단 간에는 유의미한 평균 차이가 없다.'(가설 평균차: 0)는 귀무가설이 기각되었습니다. 그러므로 위의 대립가설이 참이라는 결론을 얻을 수 있습니다.

T 검정 실습 1

Z 검정과 달리 T 검정은 두 집단의 분산을 모를 때 사용하는 검정 방법으로, 분산이 같다는 가정 하에 사용하는 등분산 검정과 분산이 다르다는 가정 하에 사용하는 이분산 검정으로 나뉩니다. 앞서 Z 검정 실습과 같은 데이터를 이용하여 T 검정을 실습해 보겠습니다.

등분산 검정

먼저 등분산 검정 방법을 실습합니다. 대부분의 과정은 먼저 실습해 본 Z 검정과 크게 다르지 않으므로, 어느 부분에서 차이가 있는지 확인해 보세요.

01 [T검정1.xlsx] 예제 파일에서 [t검정(등분산)] 시트를 열면 남자와 여자 두 그룹의 데이터를 확인할 수 있습니다. T 검정을 실행하기 위해 [데이터] 탭에서 [데이터 분석]을 클릭합니다.

02 '통계 데이터 분석' 대화상자가 열리면 [t-검정: 등분산 가정 두집단]을 선택하고 [확인] 버튼을 클릭합니다.

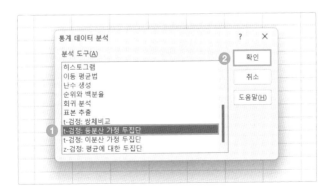

03 't-검정: 등분산 가정 두집단' 대화상자가 열리면 다음 옵션을 설정하고
[확인] 버튼을 클릭합니다.

- [입력 범위]에 두 집단의 열 머리글을 모두 포함한 데이터 범위를 입력합니다.
- [가설 평균차]에는 귀무가설(두 집단 평균에는 차이가 없다)을 검증하여 기각하기 위해 [0]을 입력합니다.
- 두 집단의 데이터 범위에 열 머리글을 포함했으므로 [이름표]에 [체크]합니다.
- 분석 결과를 출력할 위치로 [출력 범위]를 선택하고 [D2]셀을 지정합니다.

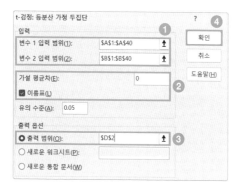

04 다음과 같이 [D2]셀을 기준으로 출력된 결과를 확인합니다. 가장 주목해서 봐야 할 P값은 소수점 자릿수가 많아 제대로 표시되지 않았습니다.

t-검정: 등분산 가정 두 집단		
	남자	여자
평균	46.3585	35.3287
분산	141.354	65.5913
관측수	39	39
공동(Poole	103.473	
가설 평균:	0	
자유도	76	
t 통계량	4.78818	
P(T<=t) 단	4.1E-06	
t 기각치 단	1.66515	
P(T<=t) 양	8.1E-06	
t 기각치 양	1.99167	

05 정확한 P값을 확인하기 위해 [E12], [E14]셀을 선택한 후 [Ctrl]+[1]을 눌러 '셀 서식' 대화상자를 엽니다. [숫자] 범주를 선택하고, [소수 자릿수] 옵션에 [10] 혹은 그 이상으로 설정한 후[확인] 버튼을 클릭합니다.

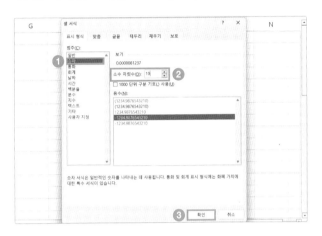

06 다음과 같이 P값이 제대로 표시되면 단측 검정과 양측 검정 모두 0.05보다 작은 것을 확인할 수 있습니다.

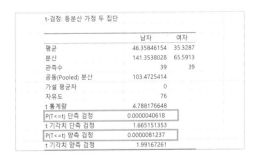

t-검정: 등분산 가정 두 집단		
	남자	여자
평균	46.35846154	35.3287
분산	141.3538028	65.5913
관측수	39	39
공동(Pooled) 분산	103.4725414	
가설 평균차	0	
자유도	76	
t 통계량	4.788176648	
P(T<=t) 단측 검정	0.0000040618	
t 기각치 단측 검정	1.665151353	
P(T<=t) 양측 검정	0.0000081237	
t 기각치 양측 검정	1.99167261	

T 검정(등분산) 결과 단측 검정과 양측 검정의 P값이 0.05보다 작으므로 '두 집단 간에는 유의미한 평균 차이가 없다.'(가설 평균차: 0)는 귀무가설이 기각되었습니다. 그러므로 다음과 같은 대립가설이 참이라는 결론을 얻을 수 있습니다.

- **단측 검정 대립가설**: 남자 그룹의 평균이 더 크다.
- **양측 검정 대립가설**: 두 집단의 평균에는 차이가 있다.

이분산 검정

등분산 검정에 이어서 두 집단의 분산이 다르다는 가정 하에 진행하는 이분산 검정을 실습합니다. '통계 데이터 분석' 대화상자에서 선택하는 도구만 다를 뿐 방법은 등분산 검정과 동일합니다.

01 [T검정1.xlsx] 예제 파일에서 [t검정(이분산)] 시트를 열면 남자와 여자 그룹의 데이터를 확인할 수 있습니다. T 검정을 실행하기 위해 [데이터] 탭에서 [데이터 분석]을 클릭합니다.

02 '통계 데이터 분석' 대화상자가 열리면 [t-검정: 이분산 가정 두집단]을 선택하고 [확인] 버튼을 클릭합니다.

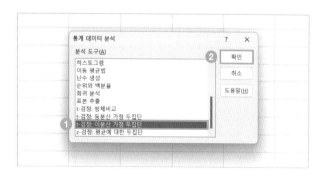

03 't-검정: 이분산 가정 두집단' 대화상자가 열리면 다음 옵션을 설정하고 [확인] 버튼을 클릭합니다.

- [입력 범위]에 각 집단의 열 머리글을 모두 포함한 데이터 범위를 입력합니다.
- [가설 평균차]에는 귀무가설(두 집단 평균에는 차이가 없다)을 검증하여 기각하기 위해 [0]을 입력합니다.
- 두 집단의 데이터 범위에 열 머리글을 포함했으므로 [이름표]에 [체크]합니다.
- 분석 결과를 출력할 위치로 [출력 범위]를 선택하고 [D2]셀을 지정합니다.

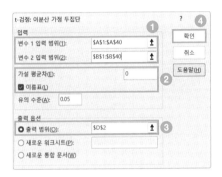

04 다음과 같이 [D2]셀을 기준으로 출력된 결과를 확인합니다. 가장 주목해서 봐야 할 P값은 소수점 자릿수가 많아 제대로 표시되지 않은 것을 확인할 수 있습니다.

t-검정: 이분산 가정 두 집단		
	남자	여자
평균	46.3585	35.3287
분산	141.354	65.5913
관측수	39	39
가설 평균:	0	
자유도	67	
t 통계량	4.78818	
P(T<=t) 단	4.8E-06	
t 기각치 단	1.66792	
P(T<=t) 양	9.7E-06	
t 기각치 양	1.99601	

05 P값인 [E11], [E13]셀을 선택한 후 '셀 서식' 대화상자를 열고([Ctrl]+[1])
[숫자] 범주에서 [소수 자릿수]를 [10] 이상으로 설정하면 다음과 같이 P값
이 단측 검정과 양측 검정 모두 0.05보다 작은 것을 확인할 수 있습니다.

t-검정: 이분산 가정 두 집단	남자	여자
평균	46.35846154	35.3287
분산	141.3538028	65.5913
관측수	39	39
가설 평균차	0	
자유도	67	
t 통계량	4.788176648	
P(T<=t) 단측 검정	0.0000048358	
t 기각치 단측 검정	1.667916114	
P(T<=t) 양측 검정	0.0000096716	
t 기각치 양측 검정	1.996008354	

T 검정(이분산) 결과 단측 검정과 양측 검정의 P값이 0.05보다 작으므로 '두 집단 간에
는 유의미한 평균 차이가 없다.'(가설 평균차: 0)는 귀무가설이 기각되었습니다. 그러므
로 다음과 같은 대립가설이 참이라는 결론을 얻을 수 있습니다.

- **단측 검정 대립가설**: 여자 그룹의 평균보다 남자 그룹의 평균이 더 크다.
- **양측 검정 대립가설**: 어느 쪽인지 모르지만 두 집단의 평균에는 차이가 있다.

T 검정 실습 2

이번 실습은 남녀 나이에 따른 문화시설 유동인구 수 데이터를 활용하여 T 검정
실습을 진행합니다. T 검정 방법을 최종 복습한다는 생각으로 따라 해 보세요.

등분산 검정

[T검정2.xlsx] 예제 파일에서 [T검정2(등분산)] 시트에 있는 10대 미만 여자와 10
대 여자의 데이터를 이용해 T 검정(등분산)을 실습합니다.

01 예제 파일을 열고 [데이터] 탭에서 [데이터 분석]을 클릭합니다. '통계 데이터 분석' 대화상자에서 [t-검정: 등분산 가정 두집단]을 선택하고 [확인] 버튼을 클릭합니다.

02 't-검정: 등분산 가정 두집단' 대화상자가 열리면 다음 내용을 참고하여 각 옵션을 설정하고 [확인] 버튼을 클릭합니다.

- [입력 범위]에 각 집단의 열 머리글을 모두 포함한 데이터 범위를 입력합니다.
- [가설 평균차]에는 귀무가설(두 집단 평균에는 차이가 없다)을 검증하여 기각하기 위해 [0]을 입력합니다.
- 두 집단의 데이터 범위에 열 머리글을 포함했으므로 [이름표]에 [체크]합니다.
- 분석 결과를 출력할 위치로 [출력 범위]를 선택하고 [E3]셀을 지정합니다.

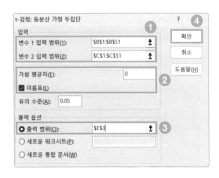

03 다음과 같이 출력된 결과를 확인합니다. [F13], [F15]셀에 있는 P값을 선택한 후 '셀 서식' 대화상자를 열고(Ctrl+1) [숫자] 범주에서 [소수 자릿수]를 [10] 이상으로 설정하면 P값이 단측 검정과 양측 검정 모두 0.05보다 작은 것을 확인할 수 있습니다.

t-검정: 등분산 가정 두 집단		
	여자 10대 미만	여자 10대
평균	0.96	14.08
분산	1.753469388	162.9322
관측수	50	50
공동(Pooled) 분산	82.34285714	
가설 평균차	0	
자유도	98	
t 통계량	-7.229210543	
P(T<=t) 단측 검정	0.0000000001	
t 기각치 단측 검정	1.660551217	
P(T<=t) 양측 검정	0.0000000001	
t 기각치 양측 검정	1.984467455	

T 검정(등분산) 결과 단측 검정과 양측 검정의 P값이 0.05보다 작으므로 '두 집단 간에는 유의미한 평균 차이가 없다.'(가설 평균차: 0)는 귀무가설이 기각되었습니다. 그러므로 다음과 같은 대립가설이 참이라는 결론을 얻을 수 있습니다.

• **단측 검정 대립가설**: 10대 미만 여자 그룹의 평균보다 10대 여자 그룹의 평균이 더 크다.
• **양측 검정 대립가설**: 어느 쪽인지 모르지만 두 집단의 평균에는 차이가 있다.

이분산 검정

[T검정2.xlsx] 예제 파일에서 [T검정2(이분산)] 시트에는 10대 남자와 10대 여자 집단의 데이터가 입력되어 있습니다. 두 집단의 분산이 다르다는 가정 하에 T 검정(이분산)을 실습해 보겠습니다.

01 예제 파일을 열고 [데이터] 탭에서 [데이터 분석]을 클릭합니다. '통계 데이터 분석' 대화상자에서 [t-검정: 이분산 가정 두집단]을 선택하고 [확인] 버튼을 클릭합니다.

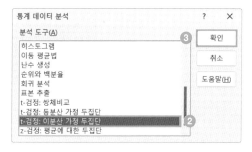

02 't-검정: 이분산 가정 두집단' 대화상자가 열리면 다음 내용을 참고하여 각 옵션을 설정하고 [확인] 버튼을 클릭합니다.

- [입력 범위]에 각 집단의 열 머리글을 모두 포함한 데이터 범위를 입력합니다.
- [가설 평균차]에는 귀무가설(두 집단 평균에는 차이가 없다)을 검증하여 기각하기 위해 [0]을 입력합니다.
- 두 집단의 데이터 범위에 열 머리글을 포함했으므로 [이름표]에 [체크]합니다.

- 분석 결과를 출력할 위치로 [출력 범위]를 선택하고 [E4]셀을 지정합니다.

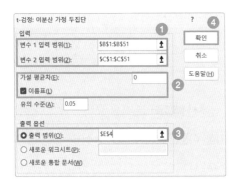

03 출력 결과를 보면 단측 검정의 P값은 0.05보다 작고, 양측 검정의 P값은 0.05보다 큰 것을 확인할 수 있습니다.

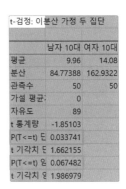

t-검정: 이분산 가정 두 집단		
	남자 10대	여자 10대
평균	9.96	14.08
분산	84.77388	162.9322
관측수	50	50
가설 평균:	0	
자유도	89	
t 통계량	-1.85103	
P(T<=t) 단	0.033741	
t 기각치 단	1.662155	
P(T<=t) 양	0.067482	
t 기각치 양	1.986979	

T 검정(이분산) 결과 단측 검정의 P값은 0.05보다 작고, 양측 검정의 P값은 0.05보다 큰 값이 반환되어 단측 검정과 양측 검정에서 서로 다른 결론을 얻을 수 있습니다.

- **단측 검정**: '두 집단 간에는 유의미한 평균 차이가 없다.'(가설 평균차: 0)는 귀무가설이 기각되어 '10대 남자 그룹의 평균보다 10대 여자 그룹의 평균이 더 크다.'는 대립가설이 유의하다고 할 수 있다.
- **양측 검정**: '두 집단 간에는 유의미한 평균 차이가 없다.'(가설 평균차: 0)는 귀무가설이 유의하다고 할 수 있다.

세 집단 이상의 표본을 비교하는 분산 분석

예제 파일 분산분석1.xlsx, 분산분석2.xlsx

통계에서는 서로 다른 집단끼리 비교를 많이 하는데요. 특히 평균이 서로 같은 지 비교하는 경우가 많습니다. 이때 비교할 집단이 2개라면 T 검정 혹은 Z 검 정으로 가설을 세워 비교하면 됩니다. 하지만 세 집단 이상의 표본을 비교/분 석할 때는 분산 분석ANalysis Of VARiance, ANOVA 방법을 이용합니다.

▲ T 검정 vs. 분산 분석

분산 분석에서는 T 검정과 다르게 '크다'와 '작다'를 파악하지 않습니다. 단지, '같다'와 '같지 않다'만 파악하며, 분산을 활용하여 집단 간의 비교를 진행합니 다. 분산은 곧 데이터 간의 치우침 정도를 나타내는 지표인데, 그 치우침이 크 다면 평균이 서로 다른 것이고, 작다면 평균이 같은 것으로 판단합니다. 이처럼 통계에서는 항상 오차를 인정하기 때문에 값이 완전히 같지 않더라도 같은 것 으로 결론 짓는 경우가 많습니다.

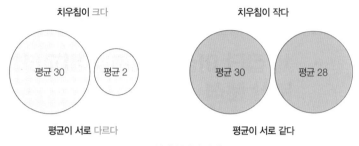

치우침이 크다 　　　　　치우침이 작다

평균 30　평균 2　　　평균 30　평균 28

평균이 서로 다르다 　　　평균이 서로 같다

▲ 분산 분석의 개념

일원배치와 이원배치

우리는 분산 분석을 통해 세 집단 이상의 평균이 과연 서로 유의미한 차이가 있는지 확인해 보려고 합니다. 분석 결과 도출된 P값이 0.05보다 작다면 '세 집단 간 데이터의 치우침이 크다.' 즉, 세 집단의 평균에는 유의미한 차이가 있다고 볼 수 있습니다. 반면, P값이 0.05보다 크다면 '유의미한 차이가 없다.'는 결론을 얻습니다.

분산 분석은 독립 변수의 개수에 따라 일원배치와 이원배치로 나뉘게 됩니다. 개념은 간단합니다. 이름으로도 어느 정도 유추할 수 있듯이 일원배치는 하나의 독립 변수를, 이원배치는 2개의 독립 변수를 이용한 분산 분석입니다.

	A	B	C	D	E
1	문화시설	여자 10대	여자 30대	여자 60대	
2	문화시설	26	53	75	
3	문화시설	26	54	73	
4	문화시설	25	58	78	
5	문화시설	24	57	84	
6	문화시설	28	64	81	
7	문화시설	29	66	91	
8	문화시설	33	70	70	
9	문화시설	33	65	64	
10	문화시설	24	53	56	
11					

	A	B	C	D	E
1		여자 10대	여자 60대		
2	KBS홀 [부산]	29	91		
3	광천문예회관	12	84		
4	국립극장	1	35		
5					
6					
7					
8					
9					
10					
11					

▲ 일원배치 분산 분석용 데이터와 이원배치 분산 분석용 데이터

앞의 두 데이터를 보면 왼쪽 데이터는 문화시설에 방문하는 연령대별 여자의 유동인구 데이터로, 사용되는 독립 변수는 '나이' 하나이므로 일원배치 분산 분석을 사용합니다. 반면 오른쪽 데이터는 연령대별, 문화시설별 유동인구 데이터로, '나이'와 '시설의 종류'라는 2개의 독립 변수가 있으므로 이원배치 분산 분석을 사용합니다.

이원배치 분산 분석의 핵심은 2개의 독립 변수 간 상호작용으로, 두 요인(독립 변수)이 각 집단의 평균에 독립적으로 영향을 주는 것이 아니라, 두 요인의 각 집단에 서로 영향을 주고받으면서 동시에 평균에 영향을 주는 것입니다. 이러한 상호작용(혹은 교호작용)은 이원배치 분산 분석 중 반복이 있는 경우에 주로 확인할 수 있습니다.

반복 여부에 따른 구분 이원배치 분산 분석은 'Before & After' 혹은 '어제 & 오늘'처럼 같은 상황에서 반복적인 측정이 이루어진 데이터의 반복 유무에 따라 다시 한번 나뉘게 됩니다. 일반적으로 반복이 없다면 변수 간의 상호작용을 확인하기 어렵고, 반복이 있을 때 상호작용을 확인하기 쉬워집니다.

	A	B	C	D	E	F	G
1		여자 10대	여자 30대	여자 60대			
2	KBS홀 [부산]	29	66	91	어제		
3		28	64	75	오늘		
4	광천문예회관	12	20	77	어제		
5		11	19	68	오늘		
6	국립극장	1	19	23	어제		
7		2	26	20	오늘		
8							
9							
10							
11							
12							
13							

▲ 2개의 독립 변수와 반복이 있는 데이터

분산 분석 실습 1

준비된 데이터를 활용하여 본격적으로 분산 분석을 실습해 보겠습니다. 분산 분석 실습은 일원배치 분산 분석, 반복이 없는 이원배치 분산 분석, 반복이 있는 이원배치 분산 분석 3가지로 나누어 진행합니다.

일원배치 분산 분석

[분산분석1.xlsx] 예제 파일을 열면 문화시설에 방문한 여자의 유동인구에 대한 데이터가 있습니다. [일원분산분석] 시트로 이동한 후 일원배치 분산 분석 실습을 진행해 보세요.

01 예제 파일의 [일원분산분석] 시트에서 다음과 같은 데이터를 확인하고, [데이터] 탭에서 [데이터 분석]을 클릭합니다.

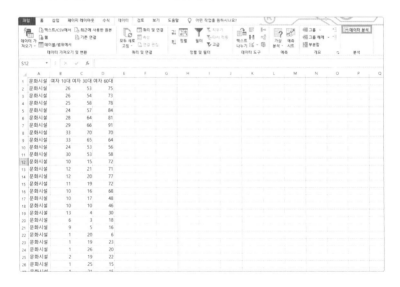

02 '통계 데이터 분석' 대화상자가 열리면 **[분산 분석: 일원 배치법]**을 선택하고 **[확인]** 버튼을 클릭합니다.

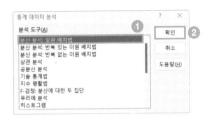

03 '분산 분석: 일원 배치법' 대화상자가 열리면 다음 옵션을 설정하고 **[확인]** 버튼을 클릭합니다.

- [입력 범위]에 동일한 값인 A열을 제외한 나머지 데이터 범위(B1:D51)를 지정합니다.
- [데이터 방향]은 데이터가 누적되어 입력되는 방향인 [열]을 선택합니다.
- 지정한 데이터 범위에 열 머리글을 포함했으므로 [첫째 행 이름표 사용]에 [체크]합니다.
- 분석 결과를 출력할 위치로 [출력 범위]를 선택하고 [F2]셀을 지정합니다.

TIP [입력 범위]에 데이터 범위를 입력할 때는 입력란을 클릭해서 커서가 깜박이면 [B1]셀을 선택한 후 Shift + Ctrl을 누른 채 오른쪽 방향키와 아래쪽 방향키를 순서대로 눌러 빠르게 입력할 수 있습니다.

04 다음과 같이 [F2]셀을 기준으로 출력된 결과를 확인합니다. P값인 [K13] 셀을 보면 소수점 자릿수가 많아 제대로 표시되지 않은 것을 확인할 수 있습니다.

분산 분석: 일원 배치법

요약표

인자의 수준	관측수	합	평균	분산
여자 10대	50	704	14.08	162.9322
여자 30대	50	1558	31.16	352.831
여자 60대	50	2027	40.54	660.2943

분산 분석

변동의 요인	제곱합	자유도	제곱 평균	F 비	P-값	F 기각치
처리	17997.37	2	8998.687	22.95471	2.11E-09	3.057621
잔차	57626.82	147	392.0192			
계	75624.19	149				

05 정확한 P값을 확인하기 위해 [K13]셀을 선택한 후 Ctrl+1 을 눌러 '셀 서식' 대화상자를 엽니다. [**숫자**] 범주를 선택하고, [**소수 자릿수**] 옵션에 [10] 혹은 그 이상으로 설정한 후 [**확인**] 버튼을 클릭합니다.

06 다음과 같이 정확한 P값은 0.0000000021로 0.05보다 작습니다. 즉, 연령대별 세 집단의 평균 유동인구에는 유의미한 차이가 있다고 할 수 있습니다.

분산 분석: 일원 배치법

요약표

인자의 수준	관측수	합	평균	분산
여자 10대	50	704	14.08	162.932
여자 30대	50	1558	31.16	352.831
여자 60대	50	2027	40.54	660.294

분산 분석

변동의 요인	제곱합	자유도	제곱 평균	F 비	P-값	F 기각치
처리	17997.4	2	8998.69	22.9547	0.0000000021	3.05762
잔차	57626.8	147	392.019			
계	75624.2	149				

반복 없는 이원배치 분산 분석

[분산분석1.xlsx] 예제 파일에서 문화시설별, 연령대별 여자의 유동인구 데이터 중에 반복이 없는 데이터의 이원배치 분산 분석을 실습해 보겠습니다.

01 [분산분석1.xlsx] 예제 파일의 [이원분산분석(반복X)] 시트에서 다음과 같은 데이터를 확인하고, [데이터] 탭에서 [데이터 분석]을 클릭합니다.

02 '통계 데이터 분석' 대화상자가 열리면 [분산 분석: 반복 없는 이원 배치법]을 선택하고 [확인] 버튼을 클릭합니다.

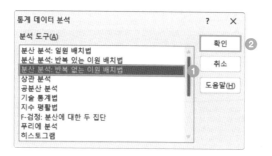

03 '분산 분석: 반복 없는 이원 배치법' 대화상자가 열리면 다음 옵션을 설정하고 [확인] 버튼을 클릭합니다.

- [입력 범위]에 전체 데이터 범위(A1:C4)를 입력합니다.
- 데이터 범위에 머리글을 포함했으므로 [이름표]에 [체크]합니다.
- 분석 결과를 출력할 위치로 [출력 범위]를 선택하고 [E2]셀을 지정합니다.

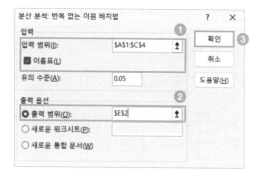

04 출력된 결과를 보면 인자 A(행)의 P값이 0.1717, 인자 B(열)의 P값이 0.0389로 나타납니다.

분산 분석: 반복 없는 이원 배치법						
요약표	관측수	합	평균	분산		
KBS홀 [부·	2	120	60	1922		
광천문예호	2	96	48	2592		
국립극장	2	36	18	578		
여자 10대	3	42	14	199		
여자 60대	3	210	70	931		
분산 분석						
변동의 요인	제곱합	자유도	제곱 평균	F 비	P-값	F 기각치
인자 A(행)	1872	2	936	4.824742	0.1717	19
인자 B(열)	4704	1	4704	24.24742	0.0389	18.51282
잔차	388	2	194			
계	6964	5				

> **인자 A(행):** 실습 데이터의 행은 문화시설의 종류로 구분되므로, 인자 A는 문화시설의 종류라는 독립 변수입니다. 인자 A의 P값이 0.1717로 0.05보다 크므로 '유동인구 수의 평균은 문화시설의 종류를 기준으로 서로 유의미한 차이가 없다.'는 결론을 얻을 수 있습니다.
>
> **인자B(열):** 실습 데이터의 열은 연령대별 구분이므로, 인자 B는 나이라는 독립 변수입니다. 인자 B의 P값은 0.0389로, 0.05보다 작으므로 '유동인구 수의 평균은 나이를 기준으로 서로 유의미한 차이가 있다.'는 결론을 얻을 수 있습니다.

반복 있는 이원배치 분산 분석

[분산분석1.xlsx] 예제 파일에서 문화시설별, 연령대별 여자의 유동인구 데이터 중 반복이 있는 것을 이용해 이원배치 분산 분석 실습을 진행합니다.

01 [분산분석1.xlsx] 예제 파일의 [이원분산분석(반복O)] 시트에서 다음과 같은 데이터를 확인하고, [데이터] 탭에서 [데이터 분석]을 클릭합니다.

02 '통계 데이터 분석' 대화상자가 열리면 [분산 분석: 반복 있는 이원 배치법]을 선택하고 [확인] 버튼을 클릭합니다.

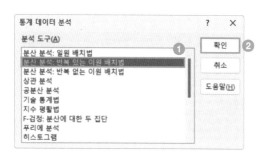

03 '분산 분석: 반복 있는 이원 배치법' 대화상자가 열리면 다음 옵션을 설정하고 **[확인]** 버튼을 클릭합니다.

- [입력 범위]에 어제와 오늘 구분 열을 제외한 데이터 범위(A1:D7)를 입력합니다.
- [표본당 행수]는 반복 횟수입니다. 어제와 오늘 2차례 반복된 데이터이므로 [2]를 입력합니다.
- 분석 결과를 출력할 위치로 [출력 범위]를 선택하고 [G2]셀을 지정합니다.

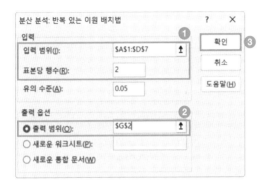

04 다음과 같이 [G2] 셀을 기준으로 출력된 결과를 확인합니다. P값이 3가지이며, 일부 값은 소수점 자릿수가 많아 제대로 표시되지 않았습니다.

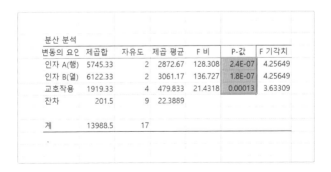

분산 분석

변동의 요인	제곱합	자유도	제곱 평균	F 비	P-값	F 기각치
인자 A(행)	5745.33	2	2872.67	128.308	2.4E-07	4.25649
인자 B(열)	6122.33	2	3061.17	136.727	1.8E-07	4.25649
교호작용	1919.33	4	479.833	21.4318	0.00013	3.63309
잔차	201.5	9	22.3889			
계	13988.5	17				

05 P값을 선택한 후 '셀 서식' 대화상자를 열고(Ctrl+1), [숫자] 범주에서 [소수 자릿수]를 [10] 이상으로 설정하면 다음과 같이 P값이 제대로 표시됩니다.

분산 분석					
변동의 요인	제곱합	자유도	제곱 평균	F 비	P-값	F 기각치
인자 A(행)	5745.333	2	2872.667	128.3077	0.0000002426	4.256495
인자 B(열)	6122.333	2	3061.167	136.727	0.0000001840	4.256495
교호작용	1919.333	4	479.8333	21.43176	0.0001274021	3.633089
잔차	201.5	9	22.38889			
계	13988.5	17				

이번 실습의 결과 반복이 없는 이원배치 분산 분석과 다른 점을 확인할 수 있습니다. 바로 교호작용의 P값입니다. 교호작용이란 변수 간의 상호작용을 뜻합니다. 분산 분석에 대해 설명할 때 이야기했듯 반복이 있는 이원배치 분산 분석에서는 두 요인이 각 집단에 서로 영향을 주고받으면서 동시에 평균에 영향을 주는 상호작용 여부를 확인할 수 있으며, 이를 교호작용 P값으로 파악할 수 있습니다. 각 P값을 해석해 보면 다음과 같습니다.

인자A(행): 실습 데이터의 행은 문화시설의 종류로 구분되므로, 인자 A는 문화시설의 종류라는 독립 변수입니다. 인자 A의 P값이 0.0000002426으로 0.05보다 작으므로 '유동인구 수의 평균은 문화시설의 종류를 기준으로 세 집단이 서로 유의미한 차이가 있다.'는 결론을 얻을 수 있습니다.

인자B(열): 실습 데이터의 열은 연령대별 구분이므로, 인자 B는 나이라는 독립 변수입니다. 인자 B의 P값은 0.0000001840으로, 0.05보다 작으므로 '유동인구 수의 평균은 나이를 기준으로 서로 유의미한 차이가 있다.'는 결론을 얻을 수 있습니다.

교호작용: 실습 데이터의 어제와 오늘(2회)처럼 반복적인 측정을 통해 '나이'라는 변수와 '문화시설의 종류'라는 변수의 상호작용을 확인하고, 함께 고려하여 분석할 수 있습니다. 두 가지 변수를 함께 고려하여 분석한 결과인 교호작용의 P값은 0.0001274021로, 0.05보다 작으므로 '나이와 문화시설 종류의 상호작용 효과가 있다'는 결론을 얻을 수 있습니다.

분산 분석 실습 2

이어서 다른 데이터로 일원배치 분산 분석과 이원배치 분산 분석을 복습해 보겠습니다.

일원배치 분산 분석

[분산분석2.xlsx] 예제 파일의 [일원분산분석] 시트에는 2021년 1월 부산의 지역별 요일별 유동인구 수 데이터가 있습니다. 이 데이터를 이용하여 일원배치 분산 분석을 실습해 보겠습니다.

01 [분산분석2.xlsx] 예제 파일의 [일원분산분석] 시트에서 다음과 같은 요일별 유동인구 수 데이터를 확인하고 [데이터] 탭에서 [데이터 분석]을 클릭합니다.

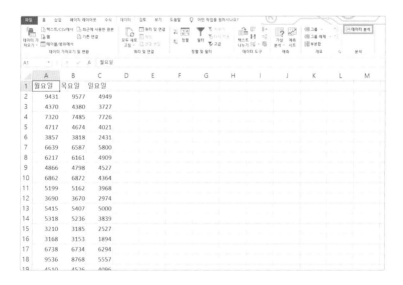

02 '통계 데이터 분석' 대화상자가 열리면 **[분산 분석: 일원 배치법]**을 선택하고 **[확인]** 버튼을 클릭합니다.

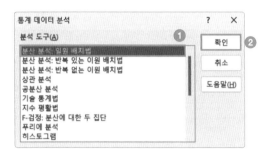

03 '분산 분석:일원 배치법' 대화상자가 열리면 다음 내용을 참고하여 각 옵션을 설정하고 **[확인]** 버튼을 클릭합니다.

- [입력 범위]에 전체 데이터 범위(A1:C97)를 지정합니다.
- [데이터 방향]은 데이터가 누적되어 입력되는 방향인 [열]을 선택합니다.
- 데이터 범위에 열 머리글을 포함했으므로 [첫째 행 이름표 사용]에 [체크]합니다.
- 분석 결과를 출력할 위치로 [출력 범위]를 선택하고 [E2]셀을 지정합니다.

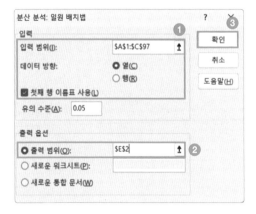

04 다음과 같이 [E2]셀을 기준으로 출력된 결과를 확인합니다. P값을 보면 소수점 자릿수가 많아 제대로 표시되지 않았습니다.

분산 분석: 일원 배치법						
요약표						
인자의 수ᅥ	관측수	합	평균	분산		
월요일	96	534704	5569.83	2904776		
목요일	96	539260	5617.29	3032046		
일요일	96	442223	4606.49	3321455		
분산 분석						
변동의 요ᅡ	제곱합	자유도	제곱 평균	F 비	P-값	F 기각치
처리	6.2E+07	2	3.1E+07	10.1203	5.7E-05	3.02744
잔차	8.8E+08	285	3086092			
계	9.4E+08	287				

05 P값(J13)을 선택한 후 '셀 서식' 대화상자를 열고([Ctrl]+[1]), [숫자] 범주에서 [소수 자릿수]를 [10] 이상으로 설정합니다. P값은 0.0000567387로 0.05보다 작습니다. 그러므로 월요일, 목요일, 일요일의 평균 유동인구 수는 서로 유의미한 차이가 있다고 할 수 있습니다.

분산 분석: 일원 배치법						
요약표						
인자의 수ᅥ	관측수	합	평균	분산		
월요일	96	534704	5569.83	2904776		
목요일	96	539260	5617.29	3032046		
일요일	96	442223	4606.49	3321455		
분산 분석						
변동의 요ᅡ	제곱합	자유도	제곱 평균	F 비	P-값	F 기각치
처리	6.2E+07	2	3.1E+07	10.1203	0.0000567387	3.02744
잔차	8.8E+08	285	3086092			
계	9.4E+08	287				

반복 없는 이원배치 분산 분석

[이원배치법.xlsx] 예제 파일의 [이원분산분석(반복X)] 시트에는 청소년의 도시 형태별 여가 시간 데이터가 정리되어 있습니다. 우선 반복이 없는 데이터의 이원 배치 분산 분석을 실습해 보겠습니다.

01 [분산분석2.xlsx] 예제 파일의 [이원분산분석(반복X)] 시트에서 다음과 같은 데이터를 확인하고 [데이터] 탭에서 [데이터 분석]을 클릭합니다.

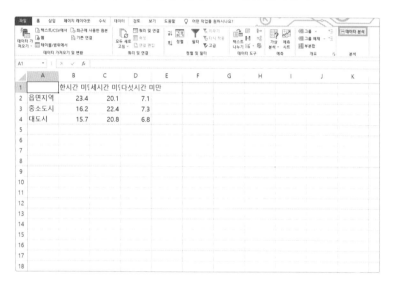

02 '통계 데이터 분석' 대화상자가 열리면 [분산 분석: 반복 없는 이원 배치법]을
　　선택하고 [확인] 버튼을 클릭합니다.

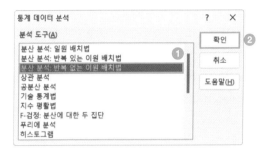

03 '분산 분석: 반복 없는 이원 배치법' 대화상자가 열리면 다음 내용을 참고
　　하여 각 옵션을 설정하고 [확인] 버튼을 클릭합니다.

- [입력 범위]에 전체 데이터 범위(A1:D4)를 지정합니다.
- 데이터 범위에 머리글을 포함했으므로 [이름표]에 [체크]합니다.
- 분석 결과를 출력할 위치로 [출력 범위]를 선택하고 [F2]셀을 지정합니다.

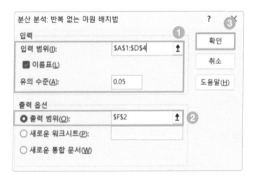

04 출력된 결과를 보면 인자 A(행)의 P값이 0.59602이고, 인자 B(열)의 P 값이 0.0072로 나타납니다.

분산 분석: 반복 없는 이원 배치법

요약표	관측수	합	평균	분산
읍면지역	3	50.6	16.86667	74.26333
중소도시	3	45.9	15.3	57.61
대도시	3	43.3	14.43333	50.20333
한시간 미'	3	55.3	18.43333	18.56333
세시간 미'	3	63.3	21.1	1.39
다섯시간	3	21.2	7.066667	0.063333

분산 분석

변동의 요인	제곱합	자유도	제곱 평균	F 비	P-값	F 기각치
인자 A(행)	9.126667	2	4.563333	0.590595	0.59602	6.944272
인자 B(열)	333.2467	2	166.6233	21.56471	0.0072	6.944272
잔차	30.90667	4	7.726667			
계	373.28	8				

인자 A(행): 실습 데이터의 행은 도시 형태로 구분되므로, 인자 A는 도시 형태라는 독립 변수입니다. 인자 A의 P값이 0.59602로 0.05보다 크므로 '여가를 즐기는 청소년 수는 도시 형태를 기준으로 서로 유의미한 차이가 없다.'는 결론을 얻을 수 있습니다.

인자 B(열): 실습 데이터의 열은 여가를 즐기는 시간으로 구분되므로, 인자 B는 여가 시간이라는 독립 변수입니다. 인자 B의 P값은 0.0072로, 0.05보다 작으므로 '여가를 즐기는 청소년의 수는 여가 시간을 기준으로 서로 유의미한 차이가 있다.'는 결론을 얻을 수 있습니다.

반복 있는 이원배치 분산 분석

[분산분석2.xlsx] 예제 파일에서 [이원분산분석(반복O)] 시트에는 2017년과 2018년의 도시 형태별 청소년의 여가 시간 데이터가 정리되어 있습니다. 이를 이용해 반복이 있는 이원배치 분산 분석 실습을 진행합니다.

01 예제 파일의 [이원분산분석(반복O)] 시트에서 다음과 같은 데이터를 확인하고 [데이터] 탭에서 [데이터 분석]을 클릭합니다.

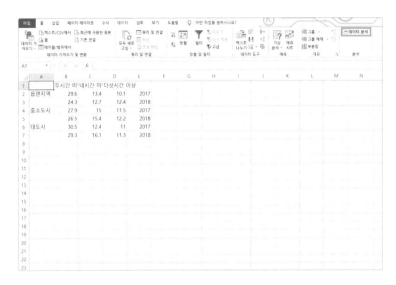

02 '통계 데이터 분석' 대화상자가 열리면 [분산 분석: 반복 있는 이원 배치법]을 선택하고 [확인] 버튼을 클릭합니다.

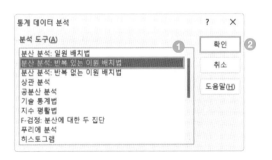

03 '분산 분석: 반복 있는 이원 배치법' 대화상자가 열리면 다음 옵션을 설정하고 [**확인**] 버튼을 클릭합니다.

- [입력 범위]에 연도 구분 열을 제외한 데이터 범위(A1:D7)를 지정합니다.
- [표본당 행수]는 반복 진행된 데이터 수입니다. 2017년과 2018년 두 차례 반복된 데이터이므로 [2]를 입력합니다.
- 분석 결과를 출력할 위치로 [출력 범위]를 선택하고 [G3]셀을 지정합니다.

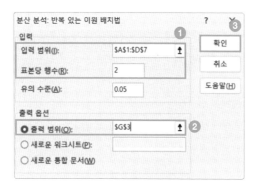

04 다음과 같이 [G3]셀을 기준으로 출력된 결과를 확인합니다. 반복이 있는 이원배치법 분산 분석이므로 P값이 3가지이며, 일부 값은 소수점 자릿수가 많아 제대로 표시되지 않았습니다.

분산 분석

변동의 요인	제곱합	자유도	제곱 평균	F 비	P-값	F 기각치
인자 A(행)	5.89	2	2.945	1.025338	0.397046	4.256495
인자 B(열)	949.89	2	474.945	165.358	8.02E-08	4.256495
교호작용	10.03	4	2.5075	0.873017	0.516356	3.633089
잔차	25.85	9	2.872222			
계	991.66	17				

05 P값을 선택한 후 '셀 서식' 대화상자를 열고(Ctrl + 1), **[숫자]** 범주에서 **[소수 자릿수]**를 [10] 이상으로 설정하면 다음과 같이 P값이 제대로 표시되며, 다음과 같은 결론을 얻을 수 있습니다.

분산 분석

변동의 요인	제곱합	자유도	제곱 평균	F 비	P-값	F 기각치
인자 A(행)	5.89	2	2.945	1.025338	0.3970464456	4.256495
인자 B(열)	949.89	2	474.945	165.358	0.0000000802	4.256495
교호작용	10.03	4	2.5075	0.873017	0.5163563363	3.633089
잔차	25.85	9	2.872222			
계	991.66	17				

인자 A(행): 실습 데이터의 행은 도시 형태로 구분되므로, 인자 A는 도시 형태라는 독립 변수입니다. 인자 A의 P값이 0.3970464456로 0.05보다 크므로 '여가를 즐기는 청소년 수는 도시 형태를 기준으로 서로 유의미한 차이가 없다.'는 결론을 얻을 수 있습니다.

인자 B(열): 실습 데이터의 열은 여가 시간으로 구분되므로, 인자 B는 여가 시간이라는 독립 변수입니다. 인자 B의 P값은 0.0000000802로, 0.05보다 작으므로 '여가를 즐기는 청소년의 수는 여가 시간을 기준으로 서로 유의미한 차이가 있다.'는 결론을 얻을 수 있습니다.

교호작용: 실습 데이터의 2017년과 2018년(2회) 반복적인 측정을 통해 '도시 형태'라는 변수와 '여가 시간'이라는 변수의 상호작용을 확인하고, 함께 고려하여 분석할 수 있습니다. 두 가지 변수를 함께 고려하여 분석한 결과인 교호작용의 P값은 0.5163563363으로 0.05보다 크므로 '도시 형태와 여가 시간의 상호작용 효과가 없다.'는 결론을 얻을 수 있습니다.

특성이 다른 데이터를 비교하는 정규화와 표준화

예제 파일 정규화&표준화-1.xlsx, 정규화&표준화-2.xlsx

데이터는 특성에 따라 단위도 다르고 값의 범위도 큰 차이가 있을 수 있습니다. 이러한 다름을 고려하지 않고 단순히 데이터의 수치만 비교한다면 제대로 된 비교를 할 수 없게 됩니다. 사람의 키와 몸무게를 직접적으로 비교할 수 없는 것처럼 말이죠. 키가 180cm인 사람이 몸무게가 70kg인 사람보다 더 건장한 사람이라고 할 수 없으니까요. 단위가 같더라도 값의 범위가 크게 다른 상황이라면 데이터 간의 제대로 된 비교를 하기 힘듭니다. 100명 중 99등인 것과 1000명 중 99등인 것은 큰 차이가 있기 때문입니다. 따라서 데이터를 제대로 비교하기 위해서는 이러한 특성이나 단위를 고려하지 않아도 되게끔 **데이터의 상황, 즉 범위를 비슷하게 만들 필요가 있습니다.** 이때 사용하는 방법이 바로 정규화와 표준화입니다.

정규화와 표준화의 의미 알기

정규화 정규화는 데이터를 특정 구간으로 바꾸는 방법으로, **데이터 값의 범위를 0~1 사이로 변환**할 수 있습니다. 이 방법은 보통 데이터 군 내에서 특정 데이터의 위치를 확인하고 싶을 때 사용하며, 과거 대비 현재 데이터의 위치를 파악하기에 용이합니다. 예를 들어, 과거의 하루 코로나19 확진자 수에 비해 오늘 코로나19 확진자 수가 어느 정도 위치에 있는지 확인하는 상황에 사용할 수 있습니다.

$$x_{new} = \frac{x - x_{min}}{x_{max} - x_{min}}$$

▲ 정규화 = (요솟값 − 최솟값) / (최댓값 − 최솟값)

정규화는 위 공식을 사용하여 데이터 특성 내의 가장 큰 값은 1로, 가장 작은 값은 0으로 변환합니다. 이렇게 데이터 값의 특성들이 평등한 위치로 조정할 수 있는 것이죠.

표준화 표준화는 데이터가 평균을 기준으로 얼마나 떨어져 있는가를 나타냅니다. 표준화를 적용할 대상의 단위가 다를 때 데이터를 같은 기준으로 볼 수 있게 합니다. 예를 들어, 단순히 몸무게 데이터만 보면 이 사람이 마른 사람인지 뚱뚱한 사람인지 확실하게 알 수 없습니다. 하지만 몸무게 데이터를 표준화해서 평균 0을 기준으로 몸무게가 음수 값이 나온다면 마른 편, 양수 값이 나온다면 살찐 편이라는 것을 알 수 있게 되는 것입니다.

$$Z = \frac{x - m}{\sigma}$$

▲ 표준화 = (요솟값 − 평균) / 표준 편차

표준화 공식에서 m은 한 특성의 평균이고, σ는 표준 편차입니다. 학창시절 배운 정규 분포의 표준화 공식과 동일합니다. 즉, 어떤 특성의 값들이 종 모양의 정규 분포를 따른다고 가정하고 값들을 0의 평균, 1의 표준 편차를 갖도록 변환해 주는 것입니다.

모든 데이터의 평균을 0으로 설정하면 데이터를 비교하기 쉬워지고, 표준 편차가 1이 됨에 따라 데이터 간의 간극이 줄어들어 전체적인 데이터 분포를 확인하기 쉬워집니다.

그렇다면 정규화와 표준화 중 어느 것을 사용하는 게 더 나을까요? 상황에 따라 다르므로 확실하게 대답하기는 어렵지만, 정규화와 표준화는 데이터를 볼 때 가공하거나 대략적으로 형태를 볼 때 유용하며 수식 또한 어렵지 않습니다. 특성이 서로 다른 데이터를 비교할 때 정규화나 표준화를 한 것과 하지 않은 것 사이에는 확실히 큰 차이가 있으니, 두 방법을 모두 익혀 두는 것이 좋습니다.

⬛ 정규화와 표준화 실습 1

정규화와 표준화는 앞서 실습했던 가설 검정과 달리 엑셀에서 별도의 분석 도구를 제공하지 않습니다. 그러므로 공식을 활용해야 합니다. 예제 파일을 열고, 엑셀의 기본 함수와 수식을 작성하면서 정규화 및 표준화 실습을 진행해 보겠습니다.

정규화

실습에 앞서 '정규화 = (요솟값 − 최솟값) / (최댓값 − 최솟값)' 공식을 떠올려 보세요. 여기서 요솟값은 각 데이터 값을 뜻합니다. 데이터 값은 이미 주어져 있으니, 최댓값과 최솟값을 알면 정규화 공식을 적용할 수 있습니다. 그러니 [정규화&표준화-1.xlsx] 예제 파일을 열고, 최댓값과 최솟값부터 하나씩 구해 보겠습니다.

TIP 엑셀에서 최솟값을 찾을 때는 MIN 함수를, 최댓값을 찾을 때는 MAX 함수를 사용합니다

01 **최솟값, 최댓값 구하기** [정규화&표준화-1.xlsx] 예제 파일의 [정규화1] 시트 에서 다음과 같은 데이터(요솟값)를 확인합니다. 이어서 최솟값을 구하 기 위해 [D2]셀에 =MIN(A2:A84)를 입력합니다.

SUM	:	×	✓	fx	=MIN(A2:A84)		
	A	B	C	D	E	F	G
1	학업성취도						
2	67.1			=MIN(A2:A84)			
3	51.29						
4	60.64						
5	55.2						
6	15.03						
7	31.8						
8	38.69						
9	36.15						
10	33.14						
11	49.34						
12	58.55						

TIP 함수 사용 중 범위 인수(A2:A84)는 위와 같이 직접 입력하면 됩니다. 하지만 데이터가 방대하여 전체 범위를 파악하기 어려울 때는 '=MIN('처럼 함수명과 여는 괄호까지만 입력한 후 첫 번째 값이 있는 셀을 선택하고 [Ctrl]+[Shift]를 누른 채 데이터가 입력된 방향의 방향키를 누르면 빠르게 범위를 지정할 수 있습니다.

02 최댓값을 구하기 위해 [E2]셀에 =MAX(A2:A84)를 입력합니다.

SUM		×	✓	fx	=MAX(A2:A84)		
	A	B	C	D	E	F	
1	학업성취도			최솟값			
2	67.1			15.03	=MAX(A2:A84)		
3	51.29						
4	60.64						
5	55.2						
6	15.03						
7	31.8						
8	38.69						
9	36.15						
10	33.14						
11	49.34						

03 **정규화 공식 적용하기** 최솟값과 최댓값을 구했으니 이제 정규화 공식을 사용할 수 있습니다. [B2]셀에 정규화 공식인 =(A2-$D$2)/($E$2-$D$2) 를 입력합니다.

SUM		×	✓	fx	=(A2-$D$2)/($E$2-$D$2)		
	A	B	C	D	E	F	
1	학업성취도			최솟값	최댓값		
2	67.1	=(A2-$D$2)/($E$2-$D$2)			68.64		
3	51.29						
4	60.64						
5	55.2						
6	15.03						
7	31.8						
8	38.69						
9	36.15						
10	33.14						
11	49.34						

04 [A2]셀에 있는 데이터(요솟값)를 정규화한 값이 표시되면 [B2]셀의 채우기 핸들을 더블 클릭하거나 아래쪽으로 드래그하여 나머지 데이터의 정규화 값을 구합니다. [B1]셀에 열 머리글로 **정규화**를 입력합니다.

	A	B	C	D	E	F	G
	학업성취도	정규화		최솟값	최댓값		
2	67.1	0.971274		15.03	68.64		
3	51.29	0.676366					
4	60.64	0.850774					
5	55.2	0.749301					
6	15.03	0					
7	31.8	0.312815					
8	38.69	0.441336					
9	36.15	0.393956					
10	33.14	0.33781					
11	49.34	0.639993					

B2 =(A2-$D$2)/($E$2-$D$2)

드래그

05 시각화하기 정규화된 데이터와 원본 데이터를 명확하게 비교하기 위해
차트로 시각화해 보겠습니다. 우선 원본 데이터(A1:A84)를 선택한 후
[삽입] 탭에서 **[꺾은선형 또는 영역형 차트 삽입]** - **[꺾은선형]**을 선택합니다.

> **TIP** [삽입] 탭에서 [추천 차트]를 클릭하면 선택한 데이터에 따라 적절한 차트를 추천해 줍니다. 어
> 떤 차트를 이용해야 할지 고민될 때는 추천 차트 기능을 이용해 보세요.

06 정규화 데이터 범위(B1:B84)를 선택한 후 **[삽입]** 탭에서 **[꺾은선형 또는**
영역형 차트 삽입] - **[꺾은선형]**을 선택하여 차트를 삽입합니다.

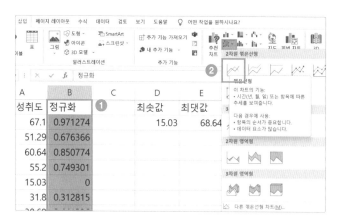

07 삽입한 2개의 차트를 비교해 봅니다. 왼쪽 원본 데이터 차트와 달리 오른쪽 정규화 데이터 차트는 0과 1 사이의 값들로 이뤄진 것을 한눈에 확인할 수 있습니다.

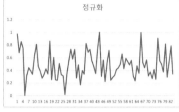

표준화

실습에 앞서 '표준화 = (요솟값 − 평균) / 표준 편차' 공식을 떠올려 보세요. 여기서 요솟값은 데이터 값이라고 했으니, 먼저 평균과 표준 편차를 알아야 합니다. 예제 파일을 열고, 평균과 표준 편차부터 하나씩 구해 보겠습니다.

TIP 엑셀에서 평균을 구할 때는 AVERAGE 함수를, 표준 편차를 구할 때는 STDEV 함수를 사용합니다.

01 **평균, 표준 편차 구하기** [정규화&표준화-1.xlsx] 예제 파일의 [표준화1] 시트에서 다음과 같은 데이터(요솟값)를 확인합니다. 평균을 구하기 위해 [E2]셀에 =AVERAGE(A2:A84)를 입력합니다.

02 표준 편차를 구하기 위해 [F2]셀에 =STDEV.P(A2:A84)를 입력합니다.

	A	B	C	D	E	F	G
	학업성취도				평균		
	67.1				40.9441	=STDEV.P(A2:A84)	
	51.29						
	60.64						
	55.2						
	15.03						
	31.8						
	38.69						

> **TIP** 표준 편차를 구할 때는 STDEV 함수를 사용하되 인수가 모집단일 때는 STDEV. P 함수를, 표본 집단일 때는 STDEV.S 함수를 사용합니다. 엑셀 2007 이전 버전이라면 모집단의 표준 편차를 구할 때는 STDEVP 함수를, 표본 집단의 표준 편차를 구할 때는 STDEV 함수를 사용합니다.

03 **표준화 공식 적용하기** 평균과 표준 편차를 구했으니 이제 표준화 공식을

사용할 수 있습니다. [B2]셀에 =(A2-$E$2)/$F$2를 입력합니다.

SUM	▼ : × ✓ fx	=(A2-$E$2)/$F$2						
⊿	A	B	C	D	E	F	G	H
1	학업성취도				평균	표준편차		
2	67.1	=(A2-$E$2)/$F$2			40.9441	11.46863		
3	51.29							
4	60.64							
5	55.2							
6	15.03							
7	31.8							
8	38.69							

> **=(A2-$E$2)/$F$2 수식 이해하기**
>
> 표준화 공식은 '요솟값 – 평균) / 표준 편차'입니다. 그러므로 요솟값으로 현재 셀(B2)과 같은 행에 있는 데이터 값인 [A2]셀을 지정하고, 평균은 [E2]셀을 지정하고 표준 편차는 [F2]셀을 지정합니다.
>
> [A2]셀에 있는 요솟값을 기준으로 표준화한 후 아래 방향으로 자동 채우기를 해야 합니다. 그러므로 수식에서 [A2]셀을 제외한 [E2]셀과 [F2]셀은 항상 고정되도록 절대 참조로 입력합니다.

04 [A2]셀에 있는 데이터(요솟값)를 표준화한 값이 표시되면 [B2]셀의 채우기 핸들을 더블 클릭하거나 아래쪽으로 드래그하여 나머지 데이터의 표준화 값을 구합니다.

	A	B	C	D	E	F	G	H
1	학업성취도	표준화			평균	표준편차		
2	67.1	2.280648			40.9441	11.46863		
3	51.29	0.902105						
4	60.64	1.717372						
5	55.2	1.243035						
6	15.03	-2.25956						
7	31.8	-0.79731						
8	38.69	-0.19654	드래그					
9	36.15	-0.41802						
10	33.14	-0.68047						
11	49.34	0.732076						
12	58.55	1.535136						
13	40.01	-0.08145						
14	35.54	-0.47121						
15	29.93	-0.96037						

05 **시각화하기** 표준화한 데이터와 원본 데이터를 시각화해서 비교해 보겠습니다. 우선 원본 데이터(A1:A84)를 선택한 후 **[삽입]** 탭에서 **[꺾은선형 또는 영역형 차트 삽입]-[꺾은선형]**을 선택합니다.

06 표준화 데이터 범위(B1:B84)를 선택한 후 **[삽입]** 탭에서 **[꺾은선형 또는 영역형 차트 삽입]** - **[꺾은선형]**을 선택하여 차트를 삽입합니다.

07 삽입한 2개의 차트를 비교해 봅니다. 왼쪽 원본 데이터 차트와 달리 오른쪽 표준화 데이터 차트는 평균 0을 기준으로 음의 값과 양의 값들로 이뤄져 있습니다.

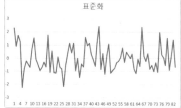

정규화와 표준화 실습 2

정규화는 데이터를 데이터 값의 범위를 0~1 사이로 변환한 값이며, 표준화는 평균 0을 기준으로 얼마나 떨어져 있는가를 나타내는 값입니다. 이러한 정규화와 표준화의 정의를 다시 한번 떠올린 후 새로운 데이터로 정규화와 표준화 실습 과정을 복습해 보겠습니다.

정규화

[정규화&표준화-2.xlsx] 예제 파일을 열면 국가별 외환보유액이 정리되어 있습니다. 우선 [정규화2] 시트에서 정규화 실습부터 복습해 보세요.

01 예제 파일의 [정규화2] 시트에서 데이터(요솟값)를 확인하고, [E2]셀에 =MIN(B2:B188)을 입력하여 최솟값을 구합니다.

	A	B	C	D	E	F	G	H
1	나라/금융관리국	외환보유액 (백만 미국 달러)						
2	이란	132600			=MIN(B2:B188)			
3	북마케도니아	2480						
4	라오스	1058						
5	몬트세랫	51						
6	예멘	1978						
7	대한민국	418095						
8	네팔	9329						
9	독일	196261						
10	이라크	54060						
11	니카라과	2520						
12	벨리즈	437						
13	방글라데시	32235						
14	콩고 공화국	2244						
15	틀:MAC-CHN	19200						

02 [F2]셀에 =MAX(B2:B188)을 입력해서 최댓값을 구합니다.

SUM	▾	:	×	✓	fx	=MAX(B2:B188)			

	A	B	C	D	E	F	G	H
1	나라/금융관리국	외환보유액 (백만 미국 달러)			최솟값			
2	이란	132600			30	=MAX(B2:B188)		
3	북마케도니아	2480						
4	라오스	1058						
5	몬트세랫	51						
6	예멘	1978						
7	대한민국	418095						
8	네팔	9329						
9	독일	196261						
10	이라크	54060						
11	니카라과	2520						
12	벨리즈	437						
13	방글라데시	32235						
14	콩고 공화국	2244						
15	틀:MAC-CHN	19200						
16	몰디브	576						

03 필요한 값을 모두 구했으니 정규화 공식을 사용합니다. [C2]셀에 정규화
공식인 =(B2-$E$2)/($F$2-$E$2)를 입력합니다.

> **Link** 사용한 수식에 대한 자세한 설명은 187쪽을 참고하세요.

SUM	▾	:	×	✓	fx	=(B2-$E$2)/($F$2-$E$2)		

	A	B	C	D	E	F	G
1	나라/금융관리국	외환보유액 (백만 미국 달러)			최솟값	최댓값	
2	이란	132600	=(B2-$E$2)/($F$2-$E$2)			1218763	
3	북마케도니아	2480					
4	라오스	1058					
5	몬트세랫	51					
6	예멘	1978					
7	대한민국	418095					
8	네팔	9329					
9	독일	196261					
10	이라크	54060					
11	니카라과	2520					
12	벨리즈	437					
13	방글라데시	32235					

04 [B2]셀에 있는 데이터(요솟값)를 정규화한 값이 표시되면 [C2]셀의 채우기 핸들을 더블 클릭하거나 아래쪽으로 드래그하여 나머지 데이터의 정규화 값을 구합니다.

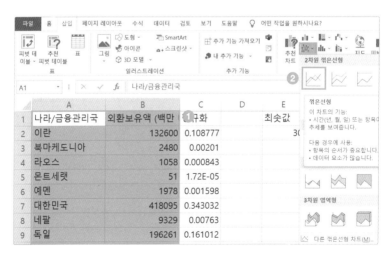

05 차트를 이용해 데이터를 시각화해서 비교해 보겠습니다. 우선 원본 데이터 범위(A1:B188)를 선택한 후 [삽입] 탭에서 [꺾은선형 또는 영역형 차트 삽입]-[꺾은선형]을 선택합니다.

06 같은 방법으로 나라별 정규화 데이터 범위(A1:A188, C1:C188)를 선택한 후 [삽입] 탭에서 [꺾은선형 또는 영역형 차트 삽입]-[꺾은선형]을 선택하여 차트를 삽입합니다.

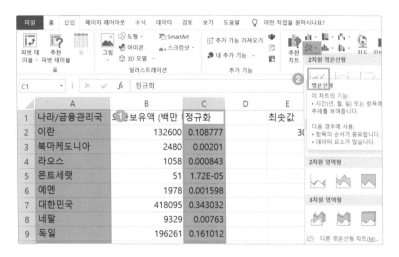

TIP 서로 떨어진 범위를 선택할 때는 Ctrl 을 누른 채 범위를 드래그합니다.

07 삽입한 2개의 차트를 비교해 봅니다. 원본 데이터 차트와 달리 정규화 데이터 차트는 0과 1사이의 값들로 이뤄진 것을 한눈에 볼 수 있습니다.

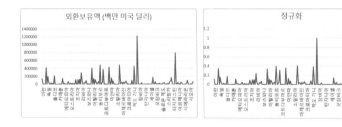

표준화

[**정규화&표준화-2.xlsx**] 예제 파일을 열고, 표준화 실습도 복습해 봅니다.

01 예제 파일의 [**표준화2**] 시트에서 데이터(요솟값)를 확인하고, [E2]셀에 =AVERAGE(B2:B188)을 입력하여 평균을 구합니다.

SUM		×	✓	ƒx	=AVERAGE(B2:B188)		
	A	B	C	D	E	F	G
1	나라/금융관리국	외환보유액 (백만 미국 달러)					
2	이란	132600			=AVERAGE(B2:B188)		
3	북마케도니아	2480					
4	라오스	1058					
5	몬트세랫	51					
6	예멘	1978					
7	대한민국	418095					
8	네팔	9329					
9	독일	196261					
10	이라크	54060					
11	니카라과	2520					
12	벨리즈	437					
13	방글라데시	32235					

02 [F2]셀에 =STDEV.P(B2:B188)을 입력해서 표준 편차를 구합니다.

SUM		×	✓	ƒx	=STDEV.P(B2:B188)		
	A	B	C	D	E	F	G
1	나라/금융관리국	외환보유액 (백만 미국 달러)			평균	표준편차	
2	이란	132600			50984.91	=STDEV.P(B2:B188)	
3	북마케도니아	2480					
4	라오스	1058					
5	몬트세랫	51					
6	예멘	1978					
7	대한민국	418095					
8	네팔	9329					
9	독일	196261					
10	이라크	54060					
11	니카라과	2520					
12	벨리즈	437					
13	방글라데시	32235					

03 필요한 값을 모두 구했으니 표준화 공식을 사용합니다. [C2]셀에 표준화
공식인 =(B2-$E$2)/$F$2를 입력합니다.

Link 사용한 수식에 대한 자세한 설명은 190쪽을 참고하세요.

	SUM	▾ : × ✓ fx	=(B2-$E$2)/$F$2			
▲	A	B	C	D	E	F	G
1	나라/금융관리국	외환보유액 (백만	표준화		평균	표준편차	
2	이란	132600	=(B2-$E$2)/$F$2		50984.91	136742.7	
3	북마케도니아	2480					
4	라오스	1058					
5	몬트세랫	51					
6	예멘	1978					
7	대한민국	418095					
8	네팔	9329					
9	독일	196261					
10	이라크	54060					
11	니카라과	2520					
12	벨리즈	437					
13	방글라데시	32235					

04 [B2]셀에 있는 데이터(요솟값)를 표준화한 값이 표시되면 [C2]셀의 채우
기 핸들을 더블 클릭하거나 아래쪽으로 드래그하여 나머지 데이터의 표
준화 값을 구합니다.

	C2	▾ : × ✓ fx	=(B2-$E$2)/$F$2			
▲	A	B	C	D	E	F	G
1	나라/금융관리국	외환보유액 (백만	표준화		평균	표준편차	
2	이란	132600	0.596852		50984.91	136742.7	
3	북마케도니아	2480	-0.35472				
4	라오스	1058	-0.36512				
5	몬트세랫	51	-0.37248				
6	예멘	1978	-0.35839				
7	대한민국	418095	2.684678		드래그		
8	네팔	9329	-0.30463				
9	독일	196261	1.062405				
10	이라크	54060	0.022488				
11	니카라과	2520	-0.35442				
12	벨리즈	437	-0.36966				
13	방글라데시	32235	-0.13712				

05 끝으로 차트를 이용해 데이터를 시각화해서 비교해 보겠습니다. 우선 원본 데이터 범위(A1:B188)를 선택한 후 [삽입] 탭에서 [꺾은선형 또는 영역형 차트 삽입]-[꺾은선형]을 선택합니다.

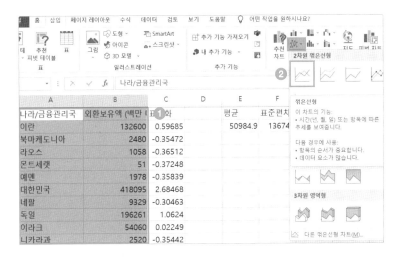

06 같은 방법으로 나라별 표준화 데이터 범위(A1:A188, C1:C188)를 선택한 후 [삽입] 탭에서 [꺾은선형 또는 영역형 차트 삽입]-[꺾은선형]을 선택하여 차트를 삽입합니다.

07 삽입한 2개의 차트를 비교해 봅니다. 원본 데이터 차트와 달리 표준화 데이터 차트는 평균 0을 기준으로 음의 값과 양의 값들로 이뤄진 것을 확인할 수 있습니다.

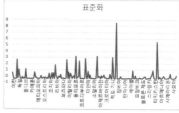

6장

변수의
관계를 찾는
상관 분석과
회귀 분석

공공데이터를 통한 상관 분석의 이해

여기서 알아볼 상관 분석은 연속형 변수로 측정된 두 변수 간의 선형관계를 분석하는 기법입니다. 연속형 변수는 산술 평균을 계산할 수 있는 숫자형 데이터이며, 예시로는 사람의 키, 몸무게, 나이, 소득 등이 있습니다. 선형관계라 함은 비례식이 성립되는 관계를 말합니다. 예를 들어, A라는 변수가 증가함에 따라 B라는 변수도 증가되는지 혹은 감소하는지를 분석하는 것입니다.

상관계수 유형 알아보기

상관 분석을 할 때는 두 변수 사이의 선형관계 정도를 나타내기 위해 상관계수를 사용합니다. 상관계수란 두 변수 사이의 관계(상관관계)의 정도를 나타내는 수치로, 기술 통계 값의 범위는 –1과 +1 사이입니다. 일반적으로 상관계수는 '피어슨 상관계수'를 의미합니다.

상관관계는 변수 간 관계의 동적 성질을 반영하는데, 변수가 같은 방향으로 변하면 이들의 상관관계를 '직접 상관관계' 또는 '양의 상관관계'라고 하고, 두 변수가 서로 반대 방향으로 변하면 '간접 상관관계' 또는 '음의 상관관계'라고 합니다. 좀 더 구체적인 예시는 다음 표에서 확인해 보세요.

변수 x의 변화	변수 y의 변화	상관관계 유형	값의 범위	예시
x값 증가	y값 증가	직접/양의 상관관계	0 ~ +1	밥을 더 많이 먹으면, 몸무게도 증가할 것이다.
x값 감소	y값 감소	직접/양의 상관관계	0 ~ +1	저축을 적게 할수록, 재산도 적을 것이다.
x값 증가	y값 감소	간접/음의 상관관계	−1 ~ 0	술을 더 많이 마시면, 간 기능은 저하될 것이다.
x값 감소	y값 증가	간접/음의 상관관계	−1 ~ 0	공부를 적게 할수록 불합격할 가능성은 높아질 것이다.

상관계수에 대해 간단하지만 중요한 몇 가지 기억해야 할 사항이 있습니다.

- 상관계수는 소문자 r로 표시되며, 상관계수 r은 상관 정도와 방향에 따라서 −1.0 ≤r≤+1.0의 값을 갖습니다. 두 변수 간의 관계가 전혀 없을 때 r = 0.0이고 정도에 따라 r은 0.0부터 1.0까지의 값을 갖게 됩니다. 여기서 +와 −는 두 변수 간 상관의 방향을 나타냅니다.

- 상관계수는 항상 사례당 최소 2개의 데이터 요소(또는 변수)가 있는 상황을 반영합니다.

- 상관계수의 절댓값은 상관관계의 강도를 반영합니다. 즉, −0.7의 상관관계는 +0.6의 상관관계보다 강합니다. −0.7의 절댓값은 0.7이고, +0.6의 절댓값은 0.6이기 때문입니다.

- 상관계수에 대해 흔히 하는 실수 중 하나로, 양의 상관관계가 음의 상관관계보다 항상 더 강하다고 생각하는 것입니다. 하지만 이는 사실이 아닙니다.

- 상관관계의 부호에 가치 판단적 의미를 부여하여 음의 상관관계가 좋지 않고, 양의 상관관계가 좋은 것이라고 착각하기도 합니다. 그래서 '양'이나 '음'이라는 용어 대신에 '직접' 또는 '간접'이라는 용어를 사용하여 의미를 더 명확하게 전달할 수 있습니다.

- r(xy)는 변수 x와 변수 y의 상관관계를 나타냅니다.

- 예를 들어, r(키, 몸무게)은 키와 몸무게의 상관관계입니다. 키가 커지면 대체로 몸

무게가 증가한다는 의미입니다.

- 다른 예로, r(대학 졸업 여부, 소득)은 대학 졸업 여부와 졸업 후 소득 간의 상관관계입니다. 대학 졸업자는 대체로 소득이 높은 경향을 보입니다.

공공데이터를 이용한 상관 분석 실습

상관 분석은 두 연속형 변수 간의 선형관계를 분석하는 기법이며, 상관계수는 두 변수 사이의 상관관계를 나타내는 수치라고 배웠습니다. 이제 배운 내용을 직접 적용해 볼 차례입니다. '숙박여행 지출액과 숙박여행 횟수는 어떠한 상관관계가 있을까?'라는 궁금증을 해결하기 위해 공공데이터를 가져와서 실습을 진행해 보겠습니다.

국가통계포털에서 데이터 가져오기

실습을 위해서는 월별 국내 숙박여행 지출액과 월별 관광 숙박여행 횟수 데이터를 준비해야 합니다. 다음 과정을 참고하여 국가통계포털에서 두 종류의 데이터를 다운로드합니다.

01 국가통계포털(kosis.kr)에 접속한 후 **월별 국내 숙박여행 지출액**을 검색합니다. 다음과 같이 검색 결과가 나타나면 목록 중 **[월별 국내 숙박여행 지출액]**을 찾아 클릭합니다.

02 통계 자료가 나타나면 오른쪽 상단에 있는 [조회설정]을 클릭합니다.

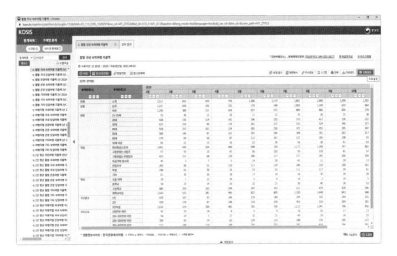

03 화면 오른쪽에 [조회조건] 패널이 열리면 [항목]에서 [전체선택]에 [체크]합니다. [통계분류]에서 [전체해제]를 클릭한 후 [전체]에만 [체크]합니다. [시점]에서 [2018 ~ 2020]으로 설정한 후 [조회] 버튼을 클릭합니다.

04 조회설정에 따라 재설정된 데이터를 확인한 후 오른쪽 위에 있는 [다운로드]를 클릭합니다.

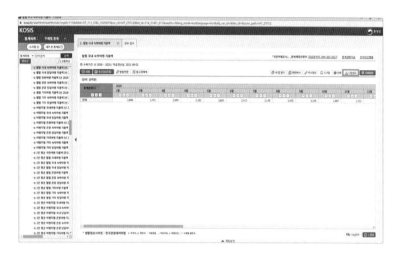

05 다운로드 창이 나타나면 [파일형태]에서 [EXCEL(xlsx)]을 선택하고, [시점정렬]은 [오름차순]을, [소수점]은 [조회화면과 동일]을 선택한 후 [다운로드]를 클릭하여 데이터를 다운로드합니다.

06 앞의 과정을 참고하여 이번에는 국가통계포털 메인에서 **월별 관광 숙박여행 횟수**를 검색하여 데이터를 확인하고, [조회설정]을 클릭하여 다음과 같이 [조회조건] 패널을 엽니다. 앞서와 동일한 조건으로 [항목]에서 [전체선택]에 [체크]하고 [통계분류]에서 [전체해제]를 클릭한 후 [전체]에만 [체크]하고 [시점]에서 [2018 ~ 2020]으로 설정하여 [조회] 버튼을 클릭합니다.

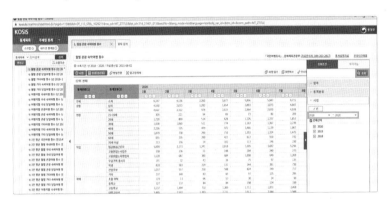

07 재설정된 데이터를 확인하고 [다운로드]를 클릭한 후 [파일형태]에서 [EXCEL(xlsx)]을, [시점정렬]에서 [오름차순]을, [소수점]에서 [조회화면과 동일]을 선택하고 [다운로드]를 클릭하여 데이터를 다운로드합니다.

엑셀 기본 기능으로 데이터 전처리하기

다운로드한 2개의 공공데이터를 확인합니다. 임의로 경로를 변경하지 않았다면 대부분 [다운로드] 폴더에 저장되어 있습니다. 2개의 파일을 분석이 쉽도록 간단하게 정리해 보겠습니다.

01 다운로드한 [월별_관광_숙박여행_횟수.xlsx] 파일을 열면 가로 방향으로 길게 정리되어 있으므로, 데이터 분석이 용이하도록 세로 방향으로 변경하겠습니다. [1:3]행을 선택한 후 Ctrl + C 를 눌러 복사하고, [A5]셀에서 [마우스 우클릭]한 후 [선택하여 붙여넣기]를 선택합니다.

02 '선택하여 붙여넣기' 대화상자가 열리면 [행/열 바꿈]에 [체크]한 후 [확인] 버튼을 클릭합니다.

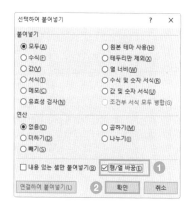

03 가로 방향 데이터가 [A5]셀부터 세로 방향으로 정리됩니다. 같은 방법으로 [월별_국내_숙박여행_지출액.xlsx] 파일을 열어 [1:3]행을 복사한 후 먼저 열었던 [월별_국내_숙박여행_횟수.xlsx]의 [E5]셀에서 행/열을 바꿔서 붙여 넣습니다.

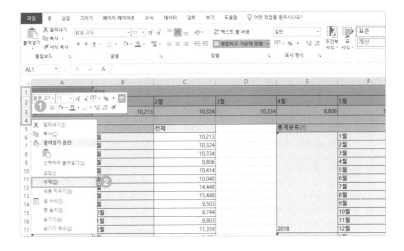

04 2개의 데이터를 한 파일에 합쳤으니, 이제 불필요한 [1:4]행을 삭제합니다. 해당 행을 선택한 다음 [마우스 우클릭] 후 [삭제]를 선택하거나 [홈] 탭에서 [삭제] – [시트 행 삭제]를 선택하면 됩니다.

05 중복되는 내용인 [D:F]열을 선택한 후 삭제합니다.

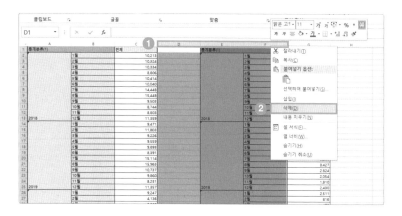

06 [C1]셀과 [D1]셀의 열 머리글을 어떤 데이터인지 알 수 있도록 다음과 같이 변경합니다.

엑셀 데이터 합치기 전체 데이터 선택 후 복사 → 선택하여 붙여넣기(행/열 바꿈) → 다른 파일의 데이터 복사 → 선택하여 붙여넣기(행/열 바꿈) → 불필요한 데이터 삭제 → 열 머리글 변경

산점도 작성하기

산점도는 두 변수 간의 영향력을 보여 주기 위해 가로 축과 세로 축에 데이터 포인트를 그린 그래프입니다. 산점도를 이용하면 두 변수 사이의 관계를 쉽게 알 수 있다는 장점이 있습니다. 앞서 정리한 숙박여행 지출액과 숙박여행 횟수에 어떠한 관계가 있는지 산점도를 작성하여 확인해 보겠습니다.

01 빈 셀(F1)에 **1. 산점도 작성**이라고 입력하고 산점도로 표현할 데이터 범위인 [C:D]열을 선택합니다. **[삽입]** 탭에서 **[분산형 또는 거품형 차트 삽입]** - **[분산형]**을 선택합니다.

02 그림처럼 우상향하는 산점도 그래프를 봤을 때 2개의 변수는 상관관계가 있다는 것을 알 수 있습니다. 산점도를 [F1]셀 아래로 드래그해서 배치해 둡니다.

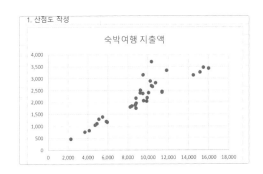

산점도 작성 데이터 범위 선택 → [삽입] 탭 → [분산형 또는 거품형 차트 삽입] → [분산형]

엑셀 데이터 분석 기능으로 상관 분석 실행하기

01 상관 분석을 실시하기 위해 빈 셀(F16)에 **2. 상관 분석**을 입력한 후 [데이터] 탭에서 [데이터 분석]을 클릭합니다. '통계 데이터 분석' 대화상자가 열리면 [상관 분석]을 선택한 후 [확인] 버튼을 클릭합니다.

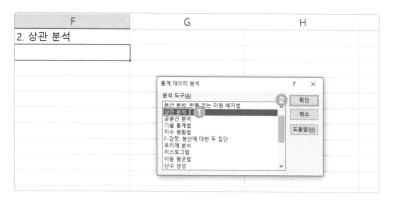

02 '상관 분석' 대화상자가 열리면 [입력 범위]에 열 머리글을 포함한 전체 데이터(C1:D37)를 지정하고, [첫째 행 이름표 사용]에 [체크]합니다. [출력 범위]를 선택하여 빈 셀(F17)을 지정한 후 [확인] 버튼을 클릭합니다.

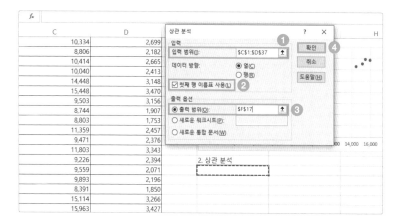

03 지정한 출력 범위에 상관 분석 결과가 출력되며, 숙박여행 지출액과 횟수
   가 교차하는 셀(G19)에 표시된 값을 확인해 봅니다. 상관계수가 약 0.9
   로, 강한 직접 상관관계가 있다고 판단할 수 있습니다.

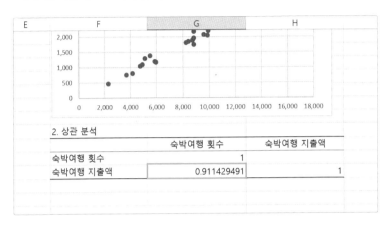

상관 분석 [데이터] 탭 → [데이터 분석] → [상관 분석] 선택 → 확인 → [입력 범위]에 분
석할 데이터 범위 지정 → [첫째 행 이름표 사용]에 체크 → [출력 범위] 지정 → 확인

상관관계와 인과관계

앞선 실습으로 숙박여행 지출액과 숙박여행 횟수는 강한 직접 상관관계가 있
다는 것을 파악할 수 있었습니다. 그렇다면 숙박여행 지출액과 숙박여행 횟수
는 인과관계가 있다고 말할 수 있을까요? 그렇지 않습니다.

상관관계가 있다고 반드시 인과관계가 있는 것은 아닙니다. 다시 말해, 변수 A
와 변수 B가 상관관계에 있다고 해서 한쪽 변수가 다른 변수의 원인임이 반드
시 입증되지는 않습니다. 원인이 되는 변수는 단 하나가 아니며, 수많은 변수가

원인으로 작용하는 사례들이 있기 때문입니다. 아래의 미국 사례를 보면서 상관관계와 인과관계를 명확히 구분해야 하는 이유를 알아보겠습니다.

미국의 한 조사 결과 대학 졸업 여부와 소득 사이에는 상관관계가 존재한다고 합니다. 즉, 대학 졸업자는 대체로 소득이 높은 경향을 보인다는 것입니다. 하지만 이러한 상관관계를 인과관계와 혼동해서 대학을 나와야 소득이 높아진다고 해석하는 것은 오류입니다. 소득이 높아서 대학에 진학하였을 수도 있고, 대학을 나오지 않더라도 높은 소득을 얻을 수 있기 때문입니다.

(출처: dbr.donga.com/article/view/1303/article_no/6894)

아래 추가 사례를 보면서 상관관계가 있다고 반드시 인과관계가 있는 것은 아니라는 사실을 기억하기 바랍니다.

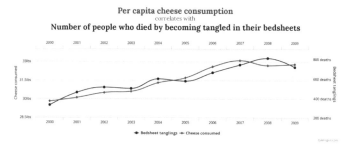

▲ 1인당 치즈 소비량과 침대 시트에 얽혀 죽은 사람들의 수(출처: www.tylervigen.com)

▲ 미국 메인주의 이혼율과 1인당 마가린 소비량(출처: www.tylervigen.com)

변수로 다른 변수를 추정하는 회귀 분석

예제 파일 회귀분석.xlsx

두 변수의 선형관계를 나타내는 상관관계와 달리, 회귀 분석은 최적의 변수를 구하고 변수 하나를 다른 변수의 기반으로 추정합니다.

▲ 독립 변수와 종속 변수의 관계

회귀 분석 알고가기

회귀 분석은 둘 이상의 변수 사이에 어떠한 관계가 있는지를 보여 주는 통계 기법으로, 원인 변수를 사용하여 결과 변수를 예측하도록 돕는 적절한 관계식 을 구하는 분석 방법입니다. 회귀 분석은 시간에 따라 변화하는 데이터나 어떤 영향, 가설적 실험, 인과관계의 모델링 등의 통계적 예측에 이용될 수 있습니 다. 다음은 회귀 분석의 활용 예시입니다.

- 종속 변수의 유의미한 변동이나 분산(변량들이 퍼져 있는 정도)을 설명하기 위하 여 종속 변수와 관계 있는 독립 변수들 중 각각의 독립 변수가 어느 정도의 영향 을 가지고 있는지 설명할 때

- 강한 관련성을 가지고 있는 독립 변수가 그와 관련된 종속 변수를 어느 정도 설명하고 있는지 결정할 때
- 독립 변수와 종속 변수들 간의 관련성을 수학적 방정식으로 파악할 때
- 종속 변수의 미래 가치를 예측할 때
- 어떤 특별한 변수 혹은 변수들의 집합에 대한 기여도를 평가하는 데 있어, 다른 독립 변수들을 통제하려고 할 때
- 실험 결과에 영향을 미칠지도 모르는 다른 변수들의 값을 일정한 수준으로 유지해 독립 변수와 종속 변수 간의 관계를 명확하게 파악할 때

Note 회귀 분석 명칭의 유래

회귀 분석이라는 명칭은 어떻게 정해졌을까요? 19세기에 영국의 통계학자 프랜시스 골턴이 수행한 연구에서 유래되었다고 합니다.

골턴은 부모와 자식들 간 키의 상관 관계를 분석했는데, 특이하게 부모의 키가 매우 클 때, 아이들의 키는 일반적으로 평균 키보다는 크지만, 그들의 부모만큼은 크지 않았다고 합니다. 또한, 부모의 키가 매우 작을 때, 아이들의 키는 일반적으로 평균 키보다는 작지만, 그들의 부모만큼은 작지 않은 것으로 보고, 이러한 경향은 사람들의 키가 평균 키로 '회귀'하려는 경향이 있음을 말하는 것이라고 했습니다. 이 연구에서부터 회귀 분석이라는 용어가 사용되게 되었다고 합니다.

회귀 분석의 조건 회귀 분석에는 크게 3가지 조건이 충족되어야 하는데 공변성, 선후관계, 비허위성입니다.

- 공변성Covariant은 변수 두 가지가 '함께 움직이는' 경향을 보여야 한다는 것입니다. 다시 말해, 관찰된 변수 A가 변화할 때 관찰된 변수 B도 함께 변화해야 합니다. 만일 A가 변함에도 B는 감감무소식이거나, A는 변함이 없는데, B가 갑자기 변한다면 인과관계가 있다고 추측하기 힘듭니다. 일단 공변성이 드러난다면 인과관계를 가정할 수 있습니다.
- 선후관계Time Order는 시간적으로 어느 하나가 먼저 변화했을 때 다른 하나가 뒤따라 변화하는 관계여야 한다는 뜻입니다. 즉, 변수 A의 변화에 변수 B의 변화가 수

반되어야 하며, 이 경우 먼저 변화한 쪽의 변수가 원인이 되고, 나중에 변화한 쪽의 변수가 결과라고 추측할 수 있습니다. 물론 이것만으로는 무엇이 원인이고 무엇이 결과인지 확신하기는 어렵습니다. 서로가 서로에게 원인이면서 결과인 관계도 많기 때문입니다.

- 비허위성Non-spuriousness은 두 변수가 공변하고 시간적 선후관계가 존재함에 더하여, 이러한 변화의 양상이 제3의 다른 변수로는 설명될 수 없어야 한다는 것입니다. 즉, 다른 외생 변수가 섞여 들어와 거짓 인과관계(허위관계)를 형성했다는 대안적 설명이 불가능해야만 합니다. 실험에서는 변수의 허위관계를 방지하기 위해서 변수의 통제Control에 많은 신경을 씁니다.

🗒 엑셀 데이터 분석 기능으로 단순 회귀 분석 실습하기

회귀 모형의 형태에 따라 하나의 종속 변수에 대해 독립 변수가 하나인 경우를 단순 회귀 분석, 하나의 종속 변수에 대해 독립 변수가 둘 이상인 경우를 다중 회귀 분석이라고 합니다.

단순 회귀 분석은 독립 변수 X가 종속 변수 Y에 미치는 영향을 회귀식으로 분석하는 방법입니다. 단순 회귀 분석 방정식을 활용하면 X라는 원인으로 Y가 얼마나 영향을 받는지 설명할 수 있습니다.

$$Y = \beta_0 + \beta_1 X + \varepsilon$$

▲ 단순 회귀 분석

위 방정식은 β_0(베타 제로)를 절편으로 갖고, β_1(베타 원)을 기울기, ε(엡실론)을 오차항으로 갖는 함수식입니다. 방정식이 어려워 보일 수도 있지만, 참고만 하세요. 이후 엑셀의 자동화된 데이터 분석 기능을 이용하면 회귀 분석을 할 수 있습니다.

1인당 GDP가 행복에 미치는 영향 파악

사람들의 행복도에 가장 영향을 미치는 것은 무엇일까요? 돈이 많아야 할까요? 건강하면 행복할까요? 자유롭다면 행복할까요? 사람들에게 있어 무엇이 행복도에 가장 영향을 미치는지 세계행복 데이터를 이용해 회귀 분석을 진행해 보겠습니다. 여기서는 우선 1인당 GDP 하나만을 독립 변수로 사용한 단순 회귀 분석을 실습해 보겠습니다.

01 [회귀분석.xlsx] 예제 파일을 열고, 현재 데이터를 새 시트에 복사하기 위해 왼쪽 아래에 있는 시트 탭에서 [마우스 우클릭] 후 [이동/복사]를 선택합니다. '이동/복사' 대화상자가 열리면 [복사본 만들기]에 체크한 후 [확인] 버튼을 클릭합니다.

02 복사된 시트 이름을 [단순회귀분석]으로 변경합니다. 그런 다음 분석에 사용할 [년도], [국가], [지역], [행복 점수], [1인당 GDP]만 남기고, 가족, 건강, 자유 관련 데이터는 삭제합니다.

03 [H2]셀에 **회귀 분석**을 입력하여 결과 표시 위치를 지정하고, [데이터] 탭에서 [데이터 분석]을 클릭합니다. '통계 데이터 분석' 대화상자가 열리면 [회귀 분석]을 선택한 후 [확인] 버튼을 클릭합니다.

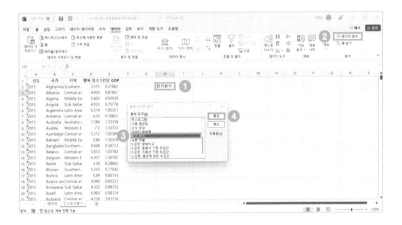

04 '회귀 분석' 대화상자가 열리면 [Y축 입력 범위]에 행복 점수 데이터 (D1:D762)를 머리글까지 포함해서 지정하고, [X축 입력 범위]에는 1인 당 GDP 데이터(E1:E762)를 머리글까지 포함해 지정합니다. [이름표] 에 [체크]하고, [출력 범위]를 선택한 후 [H3]셀을 지정합니다. 끝으로 [잔차] 에 [체크]한 후 [확인] 버튼을 클릭합니다.

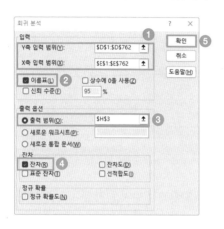

05 회귀 분석 결과에서 결정계수는 0~1 사이의 값으로, 크기가 클수록 믿을 만하다는 의미입니다. 출력된 결과의 결정계수는 약 0.62이므로 1인당 GDP의 변화량이 행복 점수의 변화로 설명할 수 있는 정도가 약 62%라 는 뜻입니다.

회귀 분석 결과 검증을 위한 용어 파악하기

회귀 분석 결과를 검증하기 전에 회귀계수에 대해 알아 둘 필요가 있습니다. 단순 회귀 분석에서 회귀계수는 주어진 자료를 가장 잘 표현하는 β_0인 y절편과 β_1인 기울기입니다. 그렇다면 회귀계수 β_0와 β_1은 어떻게 구할까요? 그 방법은 바로 최소제곱법입니다. 최소제곱법을 설명하려면 우선 잔차라는 개념을 알아야 합니다.

실제 데이터에서는 독립 변수에 따라 종속 변수의 변화하는 정도가 완벽한 선형을 이루지 않습니다. 각각의 측정치에 따라서 차이가 발생할 수 있으며, **실제 출력 변수와 예측한 출력 변수의 차이를 잔차라고 합니다.**

회귀 분석의 통계적 유의성을 확인하는 방법 중 매우 좋은 방법 중 하나가 바로 잔차Residual입니다. 가령 다음 산점도에서 세 가지 직선 중 무엇이 적합한 회귀선인지를 어떻게 결정할까요? 각 직선이 자료에 얼마나 잘 맞는지 측정할 수 있는 방법만 있다면 그것으로 잔차를 구할 수 있습니다.

TIP 회귀식을 그래프에서 나타낸 직선을 회귀선이라고 합니다. 다시 말해, 독립 변수에 따라 종속 변수가 변화하리라 예측되는 정도를 선형으로 표현한 것입니다.

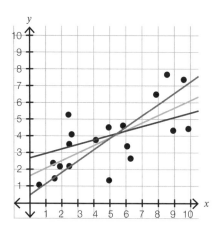

다시 말해 잔차는 각 자료가 직선에 얼마나 잘 맞는지 확인하는 도구라고 생각하면 됩니다. 다음 그림에서 직선과 점 사이의 수직 거리가 바로 잔차입니다. 직선을 기준으로 위에 있으면 잔차가 양수, 아래에 있으면 잔차가 음수이며, 직선과 같은 선상에 있는 자료라면 잔차는 0이 됩니다. 그리고 이러한 잔차의 절댓값이 작을수록 더 알맞다고 할 수 있습니다.

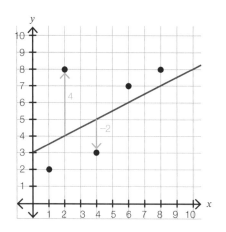

잔차의 특징을 정리해 보면 다음과 같습니다.

- 잔차의 합은 항상 0으로, '모든 편차의 합은 0이다'와 같은 개념입니다.
- 분산을 구할 때 편차를 제곱해서 사용하는 것과 같은 원리로 최소제곱법을 계산할 때도 잔차를 제곱해서 사용합니다.
- 자료와 평균의 차이를 구해서 더하면 평균의 정의로 인하여 잔차의 합은 반드시 0이 됩니다. 따라서 잔차를 제곱하여 0보다 큰 수로 만든 후 이 값을 누적한 합으로 사용합니다.
- 잔차를 관측값 순서로 산점도를 그리면 어떤 패턴도 나타나지 않아야 합니다. 잔차는 실제 Y값이 직선으로 표현되는 Y값에서 얼마나 떨어져 있는지를 알려 주는 값으로, 각 잔차는 세로 실선으로 나타나기 때문입니다.

잔차의 합계 과연 잔차의 합은 정말 0일까요? 직접 잔차의 합을 계산해 보겠습니다. 앞서 출력한 회귀 분석 결과에서 잔차 출력 부분을 확인합니다. 그런 다음 마지막 잔차 결과의 아래 셀에서 SUM 함수(=SUM(J27:J787))를 사용하여 잔차의 합계를 계산해 봅니다.

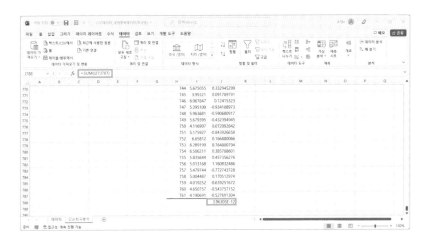

위와 같이 결과 값이 제대로 표시되지 않으면 결과 셀을 선택한 후 ⎡Ctrl⎤+⎡1⎤을 눌러 '셀 서식' 대화상자를 열고, [범주]에서 [숫자]를 선택한 후 [소수 자릿수: 10]으로 설정한 후 [확인] 버튼을 클릭합니다. 잔차의 합계로 0이 나오는 것을 확인할 수 있습니다.

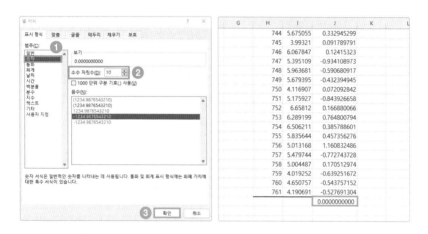

잔차 제곱의 합, 최소제곱법 잔차의 개념을 알아본 이유는 최소제곱법을 알기 위한 사전 지식이었습니다. 최소제곱법이란 회귀식의 β_0와 β_1의 값을 추정하는 방법 중 하나입니다. 측정치들을 모두 만족하는 회귀선이 존재할 확률은 매우 낮습니다. 따라서 **측정치와 가장 차이가 적게 나는, 즉 잔차가 가장 적은 회귀선을 구하는 것을 최선으로 해야 합니다.** 만약 측정치와 회귀선에 따른 추정 값의 차이를 그냥 더한다면 음수와 양수의 상쇄가 일어납니다. 따라서 이 값을 제곱하여 더한 최소의 값을 구하게 됩니다. 이렇게 잔차의 합을 최소로 하는 방법을 최소제곱법이라고 부르며, 최소제곱법을 구하는 일련의 과정은 다음과 같습니다.

1. 관측 데이터에 잘 들어맞는 곡선을 구하고 싶다.

2. 회귀선과 관측 데이터까지의 잔차를 최소로 한다.

3. 잔차를 제곱해서 더한 후 그것이 최소가 되도록 절편과 기울기를 선택한다.

4. 회귀선이 추정된다.

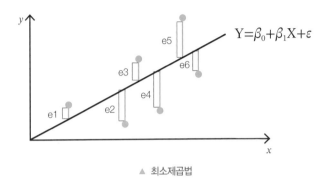

▲ 최소제곱법

위 그래프로 최소제곱법을 설명해 보자면 우선 총 6개의 데이터와 $Y=\beta_0+\beta_1X+\varepsilon$인 단순 회귀식으로 구한 직선인 회귀선이 있습니다. 이때 $Y=\beta_0+\beta_1$인 단순 회귀식은 무한 가지가 나올 수 있으며, 가장 유용한 단순 회귀식은 잔차의 제곱의 합이 최소가 되는 것입니다. 다시 말해 위 6개의 데이터에서 회귀선까지 떨어진 거리를 계산한 잔차인 e1부터 e6을 제곱하여 더한 값이 최소가 되는 값을 구하는 과정이 바로 최소제곱법입니다.

정리하자면, 최소제곱법은 β_0와 β_1에 가까운 값을 구하는 방법으로, 근사적으로 구하려는 해와 실제 해의 오차의 제곱의 합이 최소가 되는 해를 구합니다. 이렇게 계산한 잔차제곱의 합은 통계학적으로 SSE$^{Sum\ of\ Square\ Error}$라고 부릅니다. 우리는 이렇게 추정한 β_0와 β_1에 모자를 씌웁니다. 예를 들면, β_0의 추정량은 $\hat{\beta}_0$로 표시하고, '베타 제로햇'이라고 읽습니다. $\hat{\beta}_1$의 추정량은 $\hat{\beta}_1$으로 표시하고, '베타 원햇'이라고 읽습니다.

6.3

단순회귀 분석 검증을 위한 T 검정과 F 검정

단순 회귀 분석을 검증하는 방법으로는 T 검정과 F 검정이 있습니다. T 검정은 회귀계수별 통계적 유의성을 검정하는 방법이며, F 검정은 모든 회귀계수를 한꺼번에 검증하여 회귀 모형의 통계적 유의성을 검정하는 방법입니다. 일반적으로 회귀식에서 절편은 큰 의미를 가지고 있지 않습니다. 따라서 단순 회귀에서 관심을 갖는 회귀계수는 β_1 하나이므로 T 검정과 F 검정의 결과가 동일하게 나타납니다.

T 검정	F 검정
회귀계수별 통계적 유의성 검정	회귀모형의 통계적 유의성 검정

▣ T 검정을 이용한 회귀계수별 유의성 검정

T 검정을 단순 회귀 분석의 검증 방법으로 사용하는 이유는 무엇일까요? 우리는 앞서 T 검정이 모집단의 분산이나 표준 편차를 알지 못할 때 모집단을 대표하는 표본으로부터 추정된 분산이나 표준 편차를 이용하는 통계적 검정 방법으로, 귀무가설을 기각하여 대립가설을 입증한다고 배웠습니다.

- **귀무가설**: 두 모집단의 평균에는 차이가 없다.
- **대립가설**: 두 모집단의 평균에는 차이가 있다.

즉, T 검정은 두 집단이 같은지 다른지를 판단하는 데 사용하며, 이러한 특성을 회귀 분석에 적용하여 기울기가 0인지 0이 아닌지를 파악할 수 있습니다. 즉, 회귀계수는 T 검정의 평균 차이와 동일한 개념이라고 볼 수 있으므로, T 검정으로 유의성을 검정합니다.

단순 회귀 분석의 회귀계수에는 절편 β_0와 기울기 β_1이 있다고 했습니다. 하지만 일반적으로 절편은 큰 의미를 가지고 있지 않기 때문에 다음과 같이 회귀계수 추정은 기울기에 대해서만 진행합니다.

- **귀무가설**: $\beta_1 = 0$(종속 변수와 독립 변수가 관계가 없다)
- **대립가설**: $\beta_1 \neq 0$(독립 변수는 종속 변수에 유의미한 영향을 미친다)

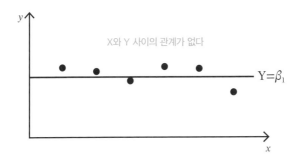

이제 우리가 검증할 귀무가설인 $\beta_1 = 0$은 기울기가 0이라는 의미입니다. 기울기가 0이면 종속 변수와 독립 변수가 관계가 없다는 것이며, 선형 회귀의 목적은 독립 변수가 과연 종속 변수에 영향을 미치는지 아닌지를 알고자 하는 것이므로 기울기가 0인지에 대한 검정은 중요합니다. 자연스럽게 대립가설은 $\beta_1 \neq 0$이 되며, 독립 변수는 종속 변수에 유의미한 영향을 미친다고 해석됩니다.

회귀 분석 결과에서 회귀계수의 유의성 진단 그렇다면 회귀계수 β_1의 유의성을 판단하기 위한 가설은 무엇으로 검증할까요? 바로 회귀계수의 P값을 이용합니다. P값이란 1종 오류를 범할 확률이며, 1종 오류는 귀무가설이 참인데 귀무가설을 기각하는 경우입니다.

Link P값에 대한 자세한 설명은 113쪽을 참고하세요.

즉, P값은 귀무가설이 맞다는 전제 하에 표본에서 실제로 관측된 값과 같거나 더 극단적인 값이 관측될 확률(빈도주의 확률)입니다. 일반적으로 P값이 0.05 미만이라면 귀무가설을 기각하고 대립가설을 채택합니다.

다음과 같이 앞서 216쪽에서 실습한 단순 회귀 분석 실습 결과를 확인해 보세요. GDP 변수의 유의성을 검정하는 회귀 분석 결과에서 P값을 보면 0이 나온 것을 확인할 수 있습니다.

회귀분석 요약 출력								
회귀분석 통계량								
다중 상관>	0.786709							
결정계수	0.618911							
조정된 결>	0.618409							
표준 오차	0.694399							
관측수	761							
분산 분석								
	자유도	제곱합	제곱 평균	F 비	유의한 F			
회귀	1	594.377	594.377	1232.662017	3.7E-161			
잔차	759	365.982	0.48219					
계	760	960.3591						
	계수	표준 오차	t 통계량	P-값	하위 95%	상위 95%	하위 95.0%	상위 95.0%
Y 절편	3.396427	0.062365	54.46089	2.0934E-264	3.273999	3.518854	3.273999	3.518854
1인당 GDF	2.170122	0.06181	35.10929	0.0000000000	2.048782	2.291462	2.048782	2.291462

TIP P값이 제대로 표시되지 않으면 해당 셀에서 [마우스 우클릭] 후 [셀 서식]을 선택하고 '셀 서식' 대화상자가 열리면 [범주]에서 [숫자]를 선택하여 [소수 자릿수: 10]으로 설정하면 됩니다.

P값이 0.05보다 작으면 귀무가설($\beta_1=0$)을 기각하고 대립가설($\beta_1\neq0$)을 채택하므로, 실습에서 독립 변수는 종속 변수에 유의미한 영향을 미치며, 이는 이 회귀식을 사용해도 된다는 뜻입니다. 다시 말해 세계행복 데이터에서 1인당 GDP 변수는 행복에 영향을 주는 유의미한 변수라고 해석할 수 있습니다.

F 검정을 이용한 회귀 모형의 통계적 유의성 진단

F 검정이란 두 모집단의 분산 차이가 있는지를 검정할 때 사용하는 통계적 검정 방법입니다. F 검정은 두 표본 집단의 분산 비율이며, F값이 클수록 두 집단 간에 분산의 차이가 커진다는 의미입니다. 그러므로 다음과 같이 가설을 설정한 후 검정합니다.

- **귀무가설**: 두 모집단의 분산 차이가 없다.
- **대립가설**: 두 모집단의 분산 차이가 있다.

$$\text{F 검정 통계량} = \frac{\text{MSR}}{\text{MSE}} = \frac{\text{회귀식으로 설명 가능한 변동력}}{\text{회귀식으로 설명 불가능한 변동력}}$$

▲ F 검정 통계량

그렇다면 두 집단의 분산이 같은지 다른지를 판단하는 F 검정이 어떻게 회귀 분석에 적용될까요? F 검정 통계량은 위와 같이 MSR/MSE로 계산합니다. 이 것은 각각 회귀식으로 설명 가능한 변동력(MSR)과 회귀식으로 설명 불가능한 변동력(MSE)으로 바꾸어 말할 수 있습니다. 여기서 변동력^{Variation}이란 변수의 값이 평균과 다른 정도를 말합니다.

회귀식으로 설명 가능한 변동력이 크다면(MSR값이 커지면) F값은 자동으로 증가합니다. 따라서, F값이 크다면 회귀식이 모형에 대한 설명을 잘한다고 이해할 수 있습니다.

이제 F 검정 통계량을 활용하여 회귀 모형 자체의 유의성을 살펴봐야 합니다. 회귀계수의 F값은 개별 변수의 유의성을 보는 T 검정과는 달리 회귀식 전체에 대해 통계적으로 얼마나 유의한지 나타냅니다. 즉, F값은 모든 독립 변수와 종속 변수 간에 선형관계가 존재하는 정도를 의미합니다. 만약 모든 회귀계수의 F값이 유의하지 않으면 통계적으로 모든 회귀 계수는 사실상 0으로 간주됩니다. 회귀계수에서 이러한 F값을 점검하는 것을 F 검정이라고 하며 다음과 같이 가설을 설정합니다.

- **귀무가설**: $\beta_1 = 0$(회귀식이 유용하지 않다)
- **대립가설**: $\beta_1 \neq 0$(회귀식이 유용하다)

F 검정 역시 T 검정과 마찬가지로 절편 β_0와 기울기 β_1이라는 회귀계수가 있지만, 일반적으로 절편은 큰 의미를 가지고 있지 않기 때문에 회귀계수 추정은 기울기에 대해서만 진행합니다. 그러므로 고려해야 할 회귀계수는 β_1, 한 개입니다. 따라서 귀무가설($\beta_1 = 0$)은 기울기가 0이라는 의미이며, 기울기가 0이면 종속 변수와 독립 변수가 관계가 없어 회귀식이 유용하지 않다는 뜻입니다. 자연스럽게 대립가설($\beta_1 \neq 0$)은 독립 변수가 종속 변수에 유의미한 영향을 미쳐 회귀식이 유용하다고 해석됩니다.

회귀 분석 결과에서 회귀모형의 유의성 진단 회귀계수 β_1의 유의성을 검정하려면 T 검정과 마찬가지로 회귀계수의 P값을 이용합니다. 회귀 분석 결과에서 F 검정 통계량의 P값을 사용하여 GDP 변수의 유의성을 확인할 수 있습니다. 회귀 분석 결과에서 P값이 0.05 미만일 때 회귀 모형의 통계적 유의성이 있다고 볼 수 있으며, P값이 작을수록 독립 변수 X가 종속 변수 Y값을 더욱 잘 설명한다(예측할 수 있다)고 말할 수 있습니다.

마찬가지로 216쪽 실습 결과에서 회귀 분석 결과의 **[유의한 F]**(F 검정 통계량의 P값)를 보면 0인 것을 확인할 수 있습니다.

회귀분석
요약 출력

회귀분석 통계량	
다중 상관	0.786709
결정계수	0.618911
조정된 결	0.618409
표준 오차	0.694399
관측수	761

분산 분석

	자유도	제곱합	제곱 평균	F 비	유의한 F
회귀	1	594.377	594.377	1232.662017	0.0000000000
잔차	759	365.982	0.48219		
계	760	960.3591			

	계수	표준 오차	t 통계량	P-값	하위 95%	상위 95%	하위 95.0%	상위 95.0%
Y 절편	3.396427	0.062365	54.46089	2.0934E-264	3.273999259	3.518854	3.273999	3.518854
1인당 GDP	2.170122	0.06181	35.10929	0.0000000000	2.048782115	2.291462	2.048782	2.291462

P값이 0.05보다 작을 때 귀무가설($\beta_1=0$)을 기각하고 대립가설($\beta_1 \neq 0$)을 채택하므로 실습의 회귀식이 유용하다고 해석할 수 있습니다. 다시 말해, P값이 0.05보다 작으므로 모든 회귀식의 계수가 통계적 유의성이 있다고 할 수 있으며, 이 결과를 통해 우리는 '이 회귀식은 통계적 유의성을 갖는다.'는 것을 도출하였습니다.

📊 회귀 분석을 이용한 미래 예측 실습

단순 회귀식인 $Y = \beta_0 + \beta_1 X + \varepsilon$ 방정식을 활용하면 일정한 확률로 미래 예측도 할 수 있습니다.

$$Y = \beta_0 + \beta_1 X + \varepsilon$$

▲ 단순 회귀식

앞서 우리는 결정계수가 0.618911인, 즉 약 61%의 결정계수를 가지는 단순 회귀식을 도출해 냈습니다. 위 회귀식에 세계행복 데이터를 대입해 보면 1인당 GDP라는 독립 변수 X의 값, X의 기울기인 β_1과 절편인 β_0값을 알면 Y값, 즉 앞으로의 행복 점수를 예상할 수 있습니다. 그렇다면 β_1와 β_0값은 어디에 있을 까요?

회귀분석 통계량	
다중 상관	0.786709
결정계수	0.618911
조정된 결	0.618409
표준 오차	0.694399
관측수	761

분산 분석

	자유도	제곱합	제곱 평균	F 비	유의한 F
회귀	1	594.3770283	594.377	1232.662017	0.0000000000
잔차	759	365.9820439	0.48219		
계	760	960.3590722			

	계수	표준 오차	t 통계량	P-값	하위 95%	상위 95%	하위 95.0%	상위 95.0%
Y 절편	3.396427	0.06236451	54.46089	2.0934E-264	3.273999259	3.518854	3.273999	3.518854
1인당 GDP	2.170122	0.061810482	35.10929	0.0000000000	2.048782115	2.291462	2.048782	2.291462

▲ 218쪽에서 진행한 단순 회귀 분석 실습 결과

세계행복 데이터를 이용한 회귀 분석 결과를 보면 Y 절편, 즉 β_0값이 출력되어 있고, 그 아래에 X(1인당 GDP)의 계수, 즉 β_1값도 확인할 수 있습니다. 이 2가지를 통해서 다음과 같이 앞으로의 행복 점수 Y를 계산해 볼 수 있습니다.

$$Y = 3.396427 + 2.170122X$$

엑셀 단순 회귀 분석을 통한 미래 예측 실습

회귀식($Y=\beta_1X+\beta_0$)을 작성한 후 마지막 데이터까지 자동 채우기를 실행할 예정입니다. 이때 X와 Y 값은 해마다, 월마다 바뀌지만, β_1과 β_0 값은 항상 고정되어야 하므로 절대 참조로 작성해야 한다는 점에 주의합니다.

Link 이 실습은 216쪽에서 진행한 실습 결과에 이어서 진행합니다.

01 [회귀분석.xlsx] 예제 파일에서 회귀식 $Y=\beta_1X+\beta_0$에 맞춰 행복 점수(Y)를 예측하기 위해 '=1인당 GDP 계수 * 1인당 GDP + Y 절편'에 해당하는 수식을 계산하면 됩니다. 실습에서는 [F2]셀에 =$I$20*E2+$I$19를 입력한 후 Enter 를 누릅니다.

TIP 절대 참조는 셀 주소에 $ 기호가 포함된 형태로, 셀 주소에 $ 기호를 직접 입력하거나, 셀 주소만 입력한 후 F4 를 눌러 자동으로 설정할 수 있습니다.

02 회귀식 계산 결과로 예측한 행복 점수(Y값)와 실제 행복 점수를 비교해 봅니다. 약간의 차이는 있지만 유사한 것을 확인할 수 있습니다. [F2]셀의 채우기 핸들을 더블클릭하여 나머지 데이터의 행복 점수도 구합니다.

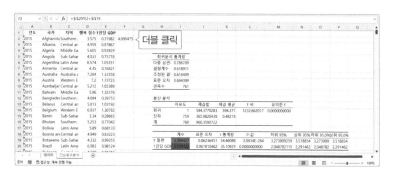

03 이로써 1인당 GDP에 따른 행복 점수 예측이 완료되었습니다. 이제 새로운 데이터를 입력한 후 1인당 GDP에 따른 행복 점수를 예측해 보겠습니다. 다음과 같이 [E]열의 마지막 행에 1을 입력한 후 [F]열에서 데이터 채우기를 실행하면 [5.5]라는 행복 점수가 예측됩니다. 우리는 '이 값을 약 62%의 확률로 인과관계가 있다.'라고 설명할 수 있습니다.

Link 약 62%의 확률은 216쪽 실습 결과로 확인할 수 있습니다.

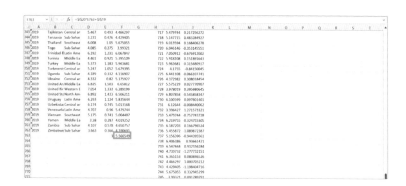

6.4

독립 변수가 둘 이상인
다중 회귀 분석

예제 파일 회귀분석.xlsx

하나의 종속 변수에 대해 독립 변수가 하나인 경우가 단순 회귀 분석이라면, 하나의 종속 변수에 대해 독립 변수가 둘 이상인 경우가 지금부터 살펴볼 다중 회귀 분석입니다.

다중 회귀 분석 알아보기

다중 회귀 분석은 2개 이상의 연속형 독립 변수가 연속형 종속 변수인 Y에 미치는 영향을 검증하는 분석 방법입니다. 각각의 독립 변수의 변화에 의해 종속 변수가 어떻게 변화하는지를 설명합니다. 단순 회귀 분석의 개념과 분석 방법은 동일하지만 독립 변수 개수가 다르다는 특징이 있습니다. 그러므로 여러 개의 독립 변수를 표현하기 위해 X에 숫자를 붙여 $X_1, X_2, X_3 \cdots$ 처럼 사용합니다.

$$Y = \beta_0 + \beta_1 X_1 + ... + \beta_k X_k + \varepsilon$$

다중 회귀 분석은 β_0(베타 제로)를 절편으로 갖고, β_1(베타 원), $\cdots$, β_k(베타 케이)를 기울기, ε(엡실론)을 오차항으로 갖는 함수식으로 표현됩니다. 이때 회귀계수인 β는 확인하려는 독립 변수인 X의 수에 하나를 더한 개수만큼 만들어집니다. 하나를 더하는 이유는 바로 절편의 회귀계수인 β_0가 추가되기 때문입니다.

엑셀을 이용한 다중 회귀 분석 실습하기

이번에도 세계행복 데이터를 이용해 실습해 보겠습니다. 행복은 단순히 1인당 GDP라는 한 가지 요소에만 영향을 받지는 않을 것입니다. 이번 실습에서는 1인당 GDP가 아닌 다른 복합적인 원인 요소 데이터들로 회귀 분석을 수행합니다.

01 상관 분석 [회귀분석.xlsx] 예제 파일을 열고, 원본 데이터의 복사본을 만들고 이름을 [다중회귀분석]으로 변경합니다.

Link 복사본 만드는 방법은 214쪽 01번 과정을 참고하세요.

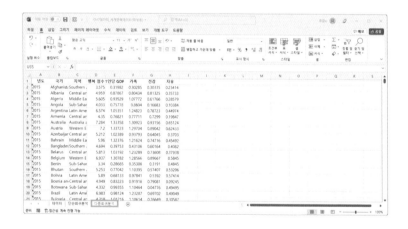

02 [K1]셀에 **상관 분석**을 입력한 후 [**데이터**] 탭에서 [**데이터 분석**]을 클릭합니다. '통계 데이터 분석' 대화상자가 열리면 [**상관 분석**]을 선택한 후 [**확인**] 버튼을 클릭합니다.

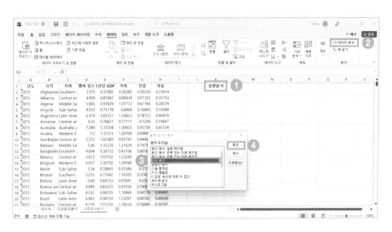

03 '상관 분석' 대화상자가 열리면 [**행복 점수**]열부터 [**자유**]열의 모든 데이터 (D1:H762)를 지정합니다. 데이터가 세로로 길게 입력되어 있으므로 [**열**]을 선택하고, 열 머리글까지 포함했으므로 [**첫째 행 이름표 사용**]에 [**체크**]합니다. [**출력 범위**]를 선택한 후 상관 분석 결과가 출력될 셀(K2)을 지정하고 [**확인**] 버튼을 클릭합니다.

TIP [입력 범위]를 지정할 때는 해당 데이터 범위를 직접 입력하거나 입력란에 커서가 깜박일 때 [D1]셀을 선택한 후 Ctrl + Shift를 누른 채 →를 누르고, 이어서 ↓를 누르면 됩니다.

04 출력된 상관 분석 결과를 확인해 보세요. 상관계수 절댓값의 크기가 1에 가까울수록 강한 상관관계이므로 상관계수가 0.78인 1인당 GDP와 행복 점수 간에 강한 양의 상관관계가 존재하며, 상대적으로 자유와의 상관관계가 약하다는 것을 확인할 수 있습니다.

Link 상관관계에 대해서는 199쪽을 참고합니다.

	행복 점수	1인당 GDP	가족	건강	자유
상관분석					
행복 점수	1				
1인당 GDP	0.786709	1			
가족	0.649121	0.581563	1		
건강	0.740697	0.785463	0.572731	1	
자유	0.544564	0.331768	0.421375	0.335851	1

05 전체 데이터에서 자유 데이터인 [H]열 머리글에서 [마우스 우클릭] 후 [삭제]를 선택합니다. 회귀 분석 시 변수가 많을수록 오차가 많아지므로 이처럼 상관분석을 통해 상대적으로 상관관계가 약한 데이터를 제외합니다.

상관 분석 복사본 만들기 → [데이터] 탭 → [데이터 분석] → [상관 분석] 선택 → 확인 → [입력 범위]에 모든 변수 데이터 지정 → 데이터 방향 선택 → [첫째 행 이름표 사용] 체크 → [출력 범위] 지정 → 확인 → 상관계수 확인 후 관계가 가장 약한 변수(자유) 삭제

06 다중 회귀 분석하기 [J9]셀에 **회귀 분석**이라고 입력하고 [**데이터**] 탭에서 [**데이터 분석**]을 클릭한 후 '통계 데이터 분석' 대화상자가 열리면 [**회귀 분석**]을 선택한 후[**확인**] 버튼을 클릭합니다.

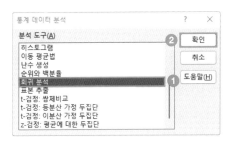

07 '회귀 분석' 대화상자가 열리면 [**Y축 입력 범위**]에 행복 점수 데이터 (D1:D762)를,[**X축 입력 범위**]에는 나머지 데이터(E1:G762)를 열 머리글까지 포함해서 지정합니다. [**이름표**]에 [**체크**]하고, [**출력 범위**]를 선택한 후 출력 결과가 표시될 셀(J10)을 지정합니다. [**잔차**]에 체크한 후[**확인**] 버튼을 클릭합니다.

08 결정계수는 0~1 사이의 값으로, 클수록 믿을 만합니다. 다중 회귀 분석의 출력 결과에서 결정계수와 함께 조정된 결정계수를 살펴봐야 합니다. 독립 변수의 개수가 늘어날수록 오차가 커지기 때문입니다. 이번 실습에서는 두 값 모두 약 70%입니다. 그러므로 약 70% 확률로 유의미한 예측이 가능하다고 할 수 있습니다.

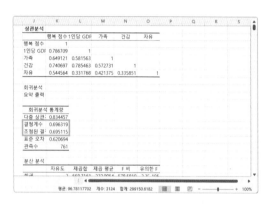

다중 회귀 분석 [데이터] 탭 → [데이터 분석] → [회귀 분석] 선택 → 확인 → [Y축 입력 범위]에 종속 변수 데이터 지정 → [X축 입력 범위]에 독립 변수 데이터 모두 지정 → [이름표], [잔차] 체크 → [출력 범위] 지정 → 확인 → 결정계수 및 조정된 결정계수 확인

회귀 분석 결과 검증하기

앞서 다중 회귀 분석에서 회귀계수는 독립 변수의 개수에 하나를 더한 개수만큼 만들어진다고 했습니다. 그러므로 위 행복 점수 데이터에서는 독립 변수가 1인당 GDP, 가족, 건강으로 3개이므로, 회귀계수는 $\beta_0, \beta_1, \beta_2, \beta_3$로 4개가 만들어집니다.

β_0는 주어진 자료를 가장 잘 표현하는 절편, β_1은 1인당 GDP 변수의 기울기, β_2는 가족 변수의 기울기, β_3는 건강 변수의 기울기입니다. 그렇다면 회귀계수 $\beta_0, \beta_1, \beta_2, \beta_3$는 어떻게 구할까요? 단순 회귀와 마찬가지로 최소제곱법을 이용하며, 최소제곱법은 잔차를 제곱하여 0보다 큰 수로 만든 후 이 값을 누적한 합으로 사용합니다.

Link 최소제곱법 및 잔차에 대한 자세한 설명은 220쪽을 참고합니다.

잔차의 합계 다중 회귀 분석에서도 잔차의 합이 정말 0인지 확인해 보겠습니다. 앞서 출력한 다중 회귀 분석 결과에서 잔차 출력 부분을 확인합니다. 그런 다음 마지막 잔차 결과 아래 셀(M797)에서 SUM 함수(=SUM(M36:M796))를 사용하여 잔차의 합계를 계산해 봅니다.

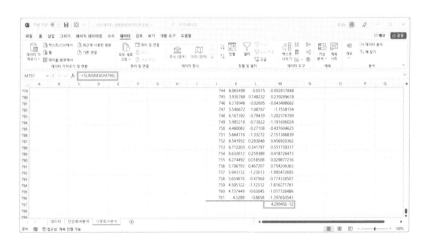

앞과 같이 결과 값이 제대로 표시되지 않으면 결과 셀을 선택한 후 [Ctrl]+[1]을 눌러 '셀 서식' 대화상자를 열고, [범주]에서 [숫자]를 선택한 후 [소수 자릿수: 10]으로 설정하고 [확인] 버튼을 클릭합니다. 잔차의 합계로 0이 나오는 것을 확인할 수 있습니다.

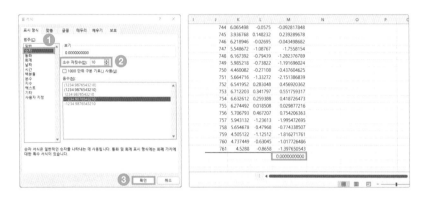

잔차 제곱의 합, 최소제곱법 다중 회귀 분석에서 최소제곱법을 구하는 흐름은 단순 회귀 분석과 유사하며, 회귀계수가 늘어난다는 점이 다릅니다.

그러므로 단순 회귀 분석에서 최소제곱법은 β_0와 β_1만을 근사적으로 구하는 방법이었다면, 다중 회귀 분석에서 최소제곱법은 $\beta_0, \beta_1, \cdots, \beta_k$를 근사적으로 구하는 방법이며, 동일하게 근사적으로 구하려는 해와 실제 해의 오차의 제곱의 합이 최소가 되는 해를 구하는 방법입니다. 이렇게 최소제곱법을 통해 추정한 $\beta_0, \beta_1, \beta_2, \beta_3$ 등의 값에 모자를 씌워 $\hat{\beta}_0$(베타 제로햇), $\hat{\beta}_1$(베타 원햇), $\hat{\beta}_2$(베타 투햇), $\hat{\beta}_3$(베타 스리햇)…이라고 표기하고 읽습니다.

다중 회귀 분석 검증을 위한 T 검정, F 검정

다중 회귀 분석을 검증할 때도 회귀계수별 통계적 유의성을 검정하는 T 검정과 모든 회귀계수를 한꺼번에 검증하여 회귀 모형의 통계적 유의성을 검정하는 F 검정을 사용합니다. 단, 단순 회귀 분석 검증에서는 관심을 갖는 회귀계수가 β_1으로 하나이기 때문에 T 검정과 F 검정의 결과가 동일하게 나타나지만, 다중 회귀 분석 검증에서는 관심을 갖는 회귀계수가 β_1부터 β_k까지 여러 개이므로 T 검정과 F 검정의 결과가 다르게 도출됩니다.

T 검정을 이용한 회귀계수별 유의성 검정

T 검정을 다중 회귀 분석의 검증 방법으로 사용하는 이유는 단순 회귀 분석에서 T 검정을 사용하는 이유와 동일합니다. 두 집단이 같은지 다른지를 판단하는 T 검정의 특성을 회귀 분석에 적용하여 기울기가 0인지 0이 아닌지를 검증할 수 있기 때문입니다.

Link T 검정을 사용하는 이유에 대한 좀 더 자세한 설명은 222쪽을 참고하세요.

- **귀무가설**: $\beta_i=0$(다른 독립 변수들이 변하지 않을 때, 종속 변수와 독립 변수 X_i는 관계가 없다)
- **대립가설**: $\beta_i\neq0$(다른 독립 변수들은 변하지 않을 때, 독립 변수 X_i는 종속 변수에 유의미한 영향을 미친다)

다중 회귀 분석 검증에서 귀무가설과 대립가설은 왜 앞과 같이 설정할까요? 다중 회귀 분석의 회귀계수에는 절편 β_0와 기울기 $\beta_1, \cdots, \beta_k$가 있습니다. 일반적으로 절편은 큰 의미를 가지지 않으므로, 단순 회귀 분석과 마찬가지로 회귀계수 추정은 기울기에 대해서만 진행하지만, 회귀계수가 β_1으로 하나만 존재하는 단순 회귀 분석과는 다르게 다중 회귀 분석에서는 관심 있는 회귀계수가 $\beta_1, \cdots, \beta_k$로 여러 개가 있습니다. 따라서 귀무가설을 설정할 때 1부터 k까지 범위를 모두 포함할 수 있도록 관심 있는 i번째 회귀계수를 β_i라고 지칭합니다.

그러므로 귀무가설은 $\beta_i = 0$으로 독립 변수 X_i의 기울기가 0이라는 의미입니다. 기울기가 0이라는 것은 종속 변수와 독립 변수 X_i가 관계가 없다는 의미입니다. 하지만 이때 한 가지 조건이 필요합니다. 우리가 알고자 하는 것은 종속 변수와 독립 변수 X_i의 관계입니다. 따라서 X_i 이외의 독립 변수가 고정되어 있다고 가정합니다. 즉, 다른 독립 변수들이 변하지 않는다는 조건이 추가되는 것입니다. 자연스럽게 대립가설은 $\beta_i \neq 0$으로 설정되며, 이것은 다른 독립 변수들이 변하지 않을 때 독립 변수 X_i는 종속 변수에 유의미한 영향을 미친다고 해석됩니다.

회귀 분석 결과에서 회귀계수의 유의성 진단 그렇다면 회귀계수 $\beta_1, \cdots, \beta_k$의 유의성은 어떻게 판단할까요? 단순 회귀 분석 검증과 마찬가지로 각 회귀계수의 P값을 이용합니다. 214쪽에서 실습한 세계행복 데이터에서 독립 변수는 1인당 GDP, 가족, 건강이고, 회귀계수 β_1은 1인당 GDP 변수의 기울기, β_2는 가족 변수의 기울기, β_3는 건강 변수의 기울기입니다. 그러므로 회귀 분석 결과에서 P값을 확인해 봅니다.

다음과 같이 분석 결과에서 1인당 GDP, 가족, 건강 변수의 P값을 보면 모두 0인 것을 확인할 수 있습니다.

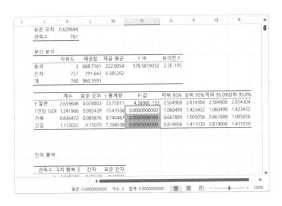

	J	K	L	M	N	O	P	Q	R
표준 오차	0.620694								
관측수	761								
분산 분석									
	자유도	제곱합	제곱 평균	F 비	유의한 F				
회귀	3	668.7161	222.9054	578.5819032	2.3E-195			
잔차	757	291.643	0.385262						
계	760	960.3591							
	계수	표준 오차	t 통계량	P-값	하위 95%	상위 95%	하위 95.0%	상위 95.0%	
Y 절편	2.659606	0.078803	33.75011	4.3896E-153	2.504908	2.814304	2.504908	2.814304	
1인당 GDP	1.241966	0.092439	13.43556	0.0000000000	1.060499	1.423432	1.060499	1.423432	
가족	0.836472	0.085876	9.740467	0.0000000000	0.667889	1.005056	0.667889	1.005056	
건강	1.115022	0.15079	7.394538	0.0000000000	0.819006	1.411039	0.819006	1.411039	
잔차 출력									
관측수	측치 행복 점	잔차	표준 잔차						

TIP P값이 제대로 표시되지 않으면 해당 셀에서 [마우스 우클릭] 후 [셀 서식]을 선택하고 '셀 서식' 대화상자가 열리면 [범주]에서 [숫자]를 선택하여 [소수 자릿수: 10]으로 설정하면 됩니다.

P값이 0.05보다 작으면 귀무가설($\beta_1=0$)을 기각하고, 대립가설($\beta_1 \neq 0$)을 채택하므로, 실습에서 독립 변수는 종속 변수에 유의미한 영향을 미친다고 해석할 수 있습니다. 하지만 우리는 앞서 '다른 독립 변수들이 변하지 않을 때'라는 조건을 붙였습니다. 그러므로 조건에 맞춰 각 변수의 유의성을 다음과 같이 해석할 수 있습니다.

- 다른 독립 변수(가족, 건강)가 변하지 않을 때, 독립 변수 1인당 GDP는 종속 변수 행복 점수에 유의미한 영향을 미칩니다.
- 다른 독립 변수(1인당 GDP, 건강)가 변하지 않을 때, 독립 변수 가족은 종속 변수 행복 점수에 유의미한 영향을 미칩니다.
- 다른 독립 변수(1인당 GDP, 가족)가 변하지 않을 때, 독립 변수 건강은 종속 변수 행복 점수에 유의미한 영향을 미칩니다.

■ F 검정을 이용한 회귀 모형의 통계적 유의성 진단

다중 회귀 분석의 검증 방법으로 F 검정을 사용하는 이유는 단순 회귀 분석에서 F 검정을 사용하는 이유와 동일합니다. 즉, 두 집단의 분산이 같은지 다른지를 판단하는 F 검정의 특성을 회귀 분석에 적용합니다.

$$\text{F 검정 통계량} = \frac{\text{MSR}}{\text{MSE}} = \frac{\text{회귀식으로 설명 가능한 변동력}}{\text{회귀식으로 설명 불가능한 변동력}}$$

▲ F 검정 통계량

F 검정 통계량은 단순 회귀 분석과 마찬가지로 MSR/MSE로 계산하며, 회귀식으로 설명 가능한 변동력이 크다면(MSR 값이 커지면) F 값은 자동으로 증가합니다. 따라서, F 값이 크다면 회귀식이 모형에 대한 설명을 잘한다고 이해할 수 있습니다.

이제 F 검정 통계량을 활용하여 회귀모형 자체의 유의성을 살펴봐야 합니다. 회귀계수의 F 값은 단순 회귀 분석에서와 마찬가지로 모든 독립 변수와 종속 변수 간에 선형관계가 존재하는 정도를 의미합니다. 만약 모든 회귀계수의 F 값이 유의하지 않으면 통계적으로 모든 회귀 계수는 사실상 0으로 간주됩니다. 회귀계수에서 이러한 F 값을 점검하는 것을 F 검정이라고 하며 다음과 같이 가설을 설정합니다.

- **귀무가설**: $\beta_1 = \cdots = \beta_k = 0$(회귀 모형이 통계적으로 유의하지 않다)
- **대립가설**: 모든 β_i가 0이 아니다(회귀 모형이 통계적으로 유의하다).

다중 회귀 분석의 회귀계수에는 절편 β_0와 기울기 $\beta_1, \cdots, \beta_k$가 있습니다. 하지만 일반적으로 절편은 큰 의미를 가지고 있지 않기 때문에 회귀계수 추정은 기울기에 대해서만 진행합니다. 또한 F 검정은 회귀 모형의 통계적 유의성을 검정하는 방법이며, 모든 회귀계수를 한꺼번에 고려하므로 귀무가설은 β_1부터 β_k까지 모든 회귀계수가 0으로 설정되며, 이것은 모든 독립 변수의 기울기가 0이라는 의미입니다.

기울기가 0이라는 것은 종속 변수와 모든 독립 변수가 관계가 없어 회귀 모형이 통계적으로 유의하지 않은 것을 의미합니다. 자연스럽게 대립가설은 '모든 β_i가 0이 아니다'로 설정되며, 이것은 회귀 모형이 통계적으로 유의하다고 해석됩니다. 다르게 해석한다면 독립 변수들 중 적어도 하나 이상의 변수는 종속 변수를 설명하는 데 유의하게 기여한다는 것입니다.

회귀 분석 결과에서 회귀모형의 유의성 진단　회귀 모형의 유의성은 어떻게 판단할까요? T 검정과 마찬가지로 회귀계수의 P값을 이용합니다. 회귀 분석 결과에서 P값이 0.05 미만이라면 회귀 모형이 통계적으로 유의하다고 말할 수 있고, 값이 작을수록 모든 독립 변수 X가 종속 변수 Y값을 더욱 잘 설명한다(예측할 수 있다)고 말할 수 있습니다. 회귀 분석 결과에서 [유의한 F](P값)를 보면 0인 것을 확인할 수 있습니다.

P값이 0.05보다 작을 때 귀무가설($\beta_1 = \cdots = \beta_k = 0$)을 기각하고, 대립가설(모든 β_i가 0이 아니다)을 채택하므로 실습에서 회귀 모형이 통계적으로 유용하다고 해석할 수 있습니다. 이 결과를 통해 우리는 '이 회귀식은 통계적 유의성을 갖는다.'는 것을 도출하였습니다.

▣ 다중 회귀 분석을 이용한 미래 예측

다중 회귀 분석식은 다음과 같으며, 이를 세계행복 데이터의 실제 데이터를 적용해 볼 수 있습니다.

$$Y = \beta_0 + \beta_1 X_1 + \beta_2 X_2 + \beta_3 X_3 + \varepsilon$$

▲ 다중 회귀 분석식

$$Y = 2.65 + 1.24X_1 + 0.83X_2 + 1.11X_3$$

▲ 세계행복 데이터를 적용한 다중 회귀 분석식

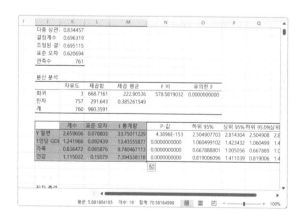

세계행복 데이터에서 다중 회귀 분석 출력 결과를 보면 Y 절편, 즉 β_0값이 출력되어 있고, 그 아래에 X(1인당 GDP, 가족, 건강)의 계수, 즉 $\beta_1, \beta_2, \beta_3$값도 확인할 수 있습니다. 이를 통해서 우리는 앞으로의 행복 점수를 계산해 볼 수 있습니다.

다중 회귀 분석 결과를 이용하여 미래 예측 실습을 진행해 보겠습니다. 여러 독립 변수의 변화에 따른 행복 점수를 예측하고자 할 때 아래 식을 사용하면 됩니다.

$$Y = Y절편 + (X_1절편 * X_1) + (X_2절편 * X_2) + (X_3절편 * X_3) + \cdots + (X_n절편 * X_n)$$

위 식을 회귀계수 β를 사용하여 작성하면 다음과 같습니다

$$행복\ 점수 = \beta_0 + (\beta_1 * 1인당\ GDP) + (\beta_2 * 가족) + (\beta_3 * 건강))$$

01 세계행복 데이터에서 [건강]열 오른쪽에 [회귀식]열을 추가합니다. 그런 다음 [H2]셀에 위에서 작성한 회귀식에 따라 =$K$26+($K$27*E2)+($K$28*F2)+($K$29*G2)를 입력한 후 Enter 를 누릅니다.

D	E	F	G	H	I	K
행복 점수	1인당 GDP	가족	건강	회귀식		상관 분석
3.575	0.31982	0.30285	0.30335	=$K$26+($K$27*E2)+($K$28*F2)+($K$29*G2)		
4.959	0.87867	0.80434	0.81325			
5.605	0.93929	1.07772	0.61766		1인당 GDP	0.786709
4.033	0.75778	0.8604	0.16683		가족	0.649121
6.574	1.05351	1.24823	0.78723		건강	0.740697
4.35	0.76821	0.77711	0.7299		자유	0.544564

02 이어서 [H2]셀의 채우기 핸들을 더블 클릭하여 나머지 데이터에 대한 행복 점수도 구하고, 다음과 같이 마지막 행에 새로운 데이터를 입력한 후 [H]열에서 데이터 채우기를 실행하여 새로운 데이터에 대한 행복 점수도 예측해 봅니다.

	A	B	C	D	E	F	G	H	I	J	K	L	M
748	2019	Tunisia	Middle Ea	4.461	0.921	1	0.815	5.548672		713	4.838068	0.814932	1.315535012
749	2019	Turkey	Middle Ea	5.373	1.183	1.36	0.808	6.167392		714	5.267953	-0.57195	-0.923297145
750	2019	Turkmenis	Central an	5.247	1.052	1.538	0.657	5.985218		715	6.307488	0.013512	0.021812702
751	2019	Uganda	Sub-Sahar	4.189	0.332	1.069	0.443	4.460082		716	5.821655	-0.07866	-0.12697246
752	2019	Ukraine	Central an	4.332	0.82	1.39	0.739	5.664716		717	5.869788	-0.17279	-0.278928978
753	2019	United Ar	Middle Ea	6.825	1.503	1.31	0.825	6.541952		718	5.476	0.155	0.250213963
754	2019	United Kir	Western E	7.054	1.333	1.538	0.996	6.712203		719	6.345943	-0.16394	-0.264651716
755	2019	United Sta	North Am	6.892	1.433	1.457	0.874	6.632612		720	6.486945	-0.79395	-1.281655993
756	2019	Uruguay	Latin Ame	6.293	1.124	1.465	0.891	6.274492		721	6.820549	-0.44655	-0.720858126
757	2019	Uzbekista	Central an	6.174	0.745	1.529	0.756	5.706793		722	6.053197	0.016803	0.027124515
758	2019	Venezuela	Latin Ame	4.707	0.96	1.427	0.805	5.943132		723	6.152915	-0.50492	-0.815078518
759	2019	Vietnam	Southeast	5.175	0.741	1.346	0.851	5.654678		724	4.384827	-1.05083	-1.696337407
760	2019	Yemen	Middle Ea	3.38	0.287	1.163	0.463	4.505122		725	6.423619	-0.04862	-0.078485609
761	2019	Zambia	Sub-Sahar	4.107	0.578	1.058	0.426	4.737449		726	4.803728	-0.12273	-0.198117754
762	2019	Zimbabwe	Sub-Sahar	3.663	0.366	1.114	0.433	4.5288		727	6.01561	-0.41261	-0.666070697
763					1	1	1	5.853066		728	3.965761	0.408239	0.659015053
764										729	7.107975	-0.84598	-1.365647841
765										730	6.447484	-0.24948	-0.402739088

위 실습에서 새로운 데이터에 대해 미래의 행복 점수를 예측했을 때 행복 점수가 5.9라는 것을 확인할 수 있었고, 우리는 이 값이 약 70%의 확률로 인과관계가 있다고 설명할 수 있게 되는 것입니다.

Link 70% 확률은 236쪽 실습 결과에서 확인할 수 있습니다.

7장

탐색적 데이터
분석을 위한
시각화

탐색적 데이터 분석

기존 통계학에서 데이터를 다룰 때 흔히 나타나는 한계 중 하나는 가설 검정 등에 치우쳐 데이터 자체가 가지고 있는 본연의 의미를 발견하기 어렵다는 것 입니다. 탐색적 데이터 분석Exploratory Data Analysis, EDA은 이러한 통계학의 한계를 효과적으로 극복하는 방법론 중 하나로, 주어진 데이터만 가지고도 정보를 찾을 수 있도록 하는 것은 물론, 여러 방법론을 통해 데이터를 충분히 이해할 수 있도록 돕습니다.

탐색적 데이터 분석의 대표적인 방법 중 하나가 바로 시각화를 이용하는 것입니다. 지금부터 기본적인 탐색적 데이터 분석의 개념과 탐색적 데이터 분석의 개념을 확증적 데이터 분석 방법의 사례와 비교하면서 자세히 살펴보겠습니다. 나아가 다양한 시각화를 통한 탐색적 데이터 분석 방법의 유형과 각 분석 방법의 특징과 장단점을 알아보고, 실습을 통해 시각화 방법을 배워보겠습니다. 이런 과정을 통해 탐색적 데이터 분석의 개념과 분석 방법 및 데이터를 시각화 방법은 물론, 데이터에서 공통적인 패턴을 파악할 수 있는 능력을 길러야 합니다.

탐색적 데이터 분석이란?

탐색적 데이터 분석은 가설을 미리 설정하고 그에 맞는 데이터 수집과 통계를 분석하는 것이 아닌, **데이터를 수집하고 수집한 데이터를 토대로 시각화하여 패턴을 도출한 후 결론 혹은 현상을 발견하는** 데이터 분석 방법입니다.

가설도 없고 모형도 없이 원 데이터$^{Raw Data}$를 가지고 유연하게 데이터를 탐색하고, 데이터의 특징과 구조로부터 얻은 정보를 바탕으로 통계 모형을 만드는 분석 방법이므로 수집한 데이터가 들어왔을 때 이를 있는 그대로 다양한 각도에서 관찰하고 이해할 수 있습니다.

한 마디로 데이터를 다양한 각도에서 관찰하면서 직관적으로 바라보는 과정입니다. 이러한 탐색적 데이터 분석은 이론적 배경이나 선행 연구에 근거하기보다는 데이터가 보여 주는 결과 자체를 그대로 받아들이므로 이론 생성 과정에 가깝고, 데이터 지향적인 성격을 띤다고 할 수 있습니다.

데이터 수집　　시각화 탐색　　패턴 도출　　인사이트 발견

▲ 탐색적 데이터 분석의 과정

"탐색적 데이터 분석은 우리가 존재한다고 믿는 것들은 물론이고, 존재하지 않는다고 믿는 것들까지 발견하려는 태도, 유연성, 그리고 자발성입니다."

존 튜키(John Tukey)

탐색적 데이터 분석의 필요성 가설 검증을 목적으로 데이터를 수집하고 분석했던 기존의 통계학적 방법으로는 새 데이터를 많이 얻을 때 핵심 의미를 파악하기 어렵습니다. 탐색적 데이터 분석은 가설에 제약을 받지 않고 열린 상태로 데이터를 수집하고 시각화함으로써 패턴을 확인하기에 이러한 단점을 보완할 수 있습니다.

데이터의 분포 값을 검토함으로써 데이터가 말하고자 하는 바를 더욱 이해하기 쉬우며 잠재적인 문제를 발견한다면 해결 혹은 수정도 가능합니다. 이에 따라 본격적인 데이터 수집과 분석에 들어가기 전에 데이터의 수집 범위 등을 정할 수 있으며, 원하는 정도로 깊게 탐색할 수도 있습니다.

이러한 과정은 데이터를 다양한 시각에서 바라보게 하고 새로운 패턴이 도출되었을 때 기존의 가설을 수정하거나 새로운 가설을 수립하는 등 능동적으로 대처하고 데이터를 분석해 나갈 수 있게 합니다. 정리하면 다음과 같습니다.

- 통계적 가설 검정 등에 의존한 기존 통계학으로는 새롭고, 많은 양의 데이터에서 핵심 의미를 파악하기 어렵다는 단점이 있습니다.
- 데이터의 분포 및 값을 검토함으로써 데이터가 표현하는 현상을 더 잘 이해하고, 데이터에 대한 잠재적인 문제를 발견할 수 있게 됩니다. 즉, 본격적인 분석에 들어가기에 앞서 추가적으로 데이터를 수집할지 결정할 수 있습니다.
- 다양한 각도에서 살펴보는 과정을 통해 문제 정의 단계에서 미처 발생하지 못했을 다양한 패턴을 발견할 수 있습니다. 즉, 기존의 가설을 수정하거나 새로운 가설을 수립할 수 있게 됩니다.

탐색적 데이터 분석의 예시 탐색적 데이터 분석의 예시로 월마트의 사례를 살펴보겠습니다. 월마트는 매출 증대를 위해 관련 데이터를 분석하여 가장 잘 팔

리는 품목이 기저귀임을 파악했습니다. 그런 다음 기저귀를 구매한 사람들이 같이 구매한 품목을 알아보기 위해 기저귀가 계산된 장바구니의 영수증을 분석해 보니 맥주의 비중이 굉장히 높게 나왔습니다. 이러한 간단한 분석으로 '기저귀와 맥주를 동시에 진열하면 소비자들이 더 편하고 빠르게 구매할 수 있고, 구매율도 높일 수 있다.'는 인사이트가 도출됐습니다. 또한 분석한 데이터를 토대로 '기저귀를 사가는 고객은 맥주까지 구매할 확률이 높다.'라는 가설을 설정한 후 더 깊게 탐색해 '아이가 있는 20~30대 남자는 저녁 6~8시 사이에 기저귀를 구매하는 경우 맥주도 함께 구매한다.'는 현상을 찾을 수도 있었습니다.

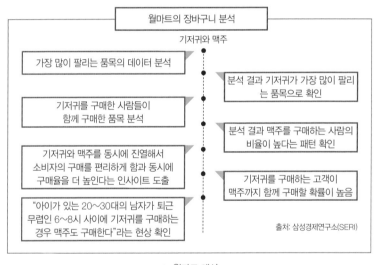

▲ 월마트 예시

확증적 데이터 분석이란?

확증적 데이터 분석은 전통적인 분석 방법으로, 가설을 미리 설정하고 이 가설을 검증하기 위해 여러 데이터를 수집하는 방법입니다. 수집한 데이터를 토대로 통계를 분석하여 미리 설정한 가설이 옳고 그른지 검증합니다. 다시 말해, 확증적 데이터 분석은 관측된 형태나 효과의 재현성 평가, 유의성 검정, 신뢰구간 추정 등의 통계적 추론을 하는 분석 방법이라고 할 수 있습니다.

▲ 확증적 데이터 분석의 과정

탐색적 데이터 분석과 확증적 데이터 분석의 차이 영국 데일리 메일$^{Daily\ Mail}$에서 소개되었던 사례로 탐색적 데이터 분석과 확증적 데이터 분석의 차이를 살펴보겠습니다. 화창한 날이 흐린 날보다 여성을 유혹하기 쉽다(번호를 얻기 쉽다)는 연구 결과입니다.

날씨가 화창하면 더 쉽게 유혹할 수 있습니다.

구름 낀 날보다 화창한 날에 여성을 유혹하기 더 쉽다는 이색 연구 결과가 나왔습니다. 여성이 흐린 날보다 맑은 날, 남성의 유혹에 더 쉽게 마음을 여는 것으로 나타났다는 연구를 진행한 프랑스 남브르타뉴 대학교 연구팀은 프랑스의 해안 도시 두 곳에서 젊고 매력적인 남성을 뽑아 무작위로 고른 여성 500명에게 접근시켰습니다.

연구팀은 기온(18℃~22℃)이 비슷한 조건에서 해가 쨍쨍한 날과 흐린 날(비는 오지 않는)로 나누어 실험을 진행했습니다. 남성은 또래의 여성에게 접근해 "저는 OOO입니다. 당신이 너무 예뻐서요. 이제 저는 일을 하러 가야 하는데, 혹시 전화번호를 알려 주실 수 있나요? 제가 전화드릴게요. 함께 한잔해요."라고 말한 뒤 여성을 응시하며 10초간 반응을 기다렸습니다.

실험 결과 화창한 날에는 20%의 여성이 전화번호를 알려 준 반면, 흐린 날에는 13.9%의 여성만이 전화번호를 알려 줬습니다. 연구팀을 이끈 니콜라 게겐 교수는 "보통 사람들은 햇살이 밝게 비치는 날 더 기분이 좋은 경향이 있다."라며 "이 때문에 남성은 화창한 날 여성을 더 쉽게 유혹할 수 있다."라고 설명했습니다.

위 사례를 바탕으로 탐색적 데이터 분석과 확증적 데이터 분석의 차이를 설명해 보면, 우선 탐색적 데이터 분석은 어떠한 가설을 정하고 데이터를 수집하는 것이 아닌 데이터들을 수집하고 수집한 데이터를 토대로 패턴을 도출하여 결론 혹은 현상을 발견할 수 있는 데이터 분석 방법입니다. 이를 테면 여성을 유혹한 남성들의 자료를 분석했을 때 일부 남성들이 다른 남성들에 비해 더 쉽게 유혹한다는 현상이 발견됐는데, 이때의 차이는 날씨가 흐린 날과 화창한 날의 차이였습니다. 이로 인해, '여성을 유혹할 때 날씨가 관계 있다.'라는 인사이트를 도출하는 것입니다.

반면 확증적 데이터 분석은 '여성을 유혹할 때 날씨가 관계 있다.'는 가설을 세우고 이 가설이 맞는지 검증하기 위해 무작위로 테스트를 진행합니다. 테스트 결과 화창한 날이 흐린 날에 비해 여성을 유혹하기 쉬웠다는 결과가 나오면 이 가설은 부합한 것입니다. 만약 화창한 날과 흐린 날의 차이가 없거나 흐린 날임에도 불구하고 여성을 유혹하는 데 날씨가 지장을 주지 않았다면 가설은 거짓이 됩니다.

데이터를 위한 차트 추가하기

예제 파일 시각화.xlsx

[시각화.xlsx] 예제 파일은 국가별, 연도별 이민자 수와 인구 수, 인간개발지수, 국내총생산 등을 확인할 수 있는 데이터이며, 차트 삽입을 위해 필요한 필드를 각 시트로 구분해 두었습니다. 예제 파일을 활용하여 탐색적 데이터 분석을 위한 6가지 시각화 차트의 특성을 파악하고, 간단하게 삽입하는 방법을 실습해 보세요.

🅧 순위 비교에 적합한 막대형 차트

막대형 차트는 여러 데이터들 간의 순위와 정도 등을 비교할 때 활용합니다. 비교하고자 하는 데이터 값을 막대의 길이로 표현하므로 데이터 값의 순위와 정도를 쉽게 비교하고 한눈에 확인할 수 있다는 장점이 있습니다. 데이터를 비교하고 정렬하는 분석 방법은 흔하게 쓰이는 분석 방법으로, 최근에는 빅데이터의 분석이 증가함에 따라 특정 단어에 대한 빈도수를 막대 모양이 아닌 글자의 색상이나 굵기, 크기 등으로 표현하는 워드 클라우드 기법을 많이 사용하기도 합니다.

국가별 이민자 수 평균을 이용해 막대형 차트를 삽입한 후 이민자 수가 평균적으로 가장 높은 국가와 가장 낮은 국가를 확인해 보겠습니다.

01 [시각화.xlsx] 예제 파일에서 [막대차트] 시트를 열면 원본 데이터를 가공하여 국가별 이민자 수 평균이 정리되어 있습니다. 막대형 차트를 추가하기 위해 데이터 범위(A1:B10)를 선택한 후 [삽입] 탭에서 [세로 또는 가로 막대형 차트 삽입] – [묶은 세로 막대형]을 선택합니다.

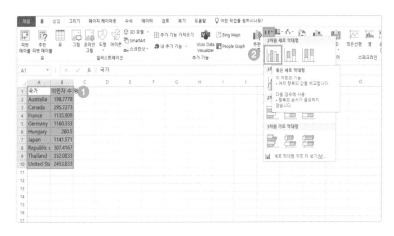

02 클릭 몇 번으로 간단하게 막대형 차트가 삽입되었습니다. 이민자 수 평균으로 추가한 막대형 차트를 보면 미국(United States)에서 이민자 수 평균이 가장 높고, 오스트레일리아(Australia)에서 가장 낮다는 것을 한눈에 파악할 수 있습니다.

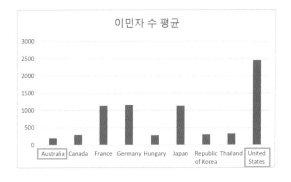

상관관계 파악이 용이한 분산형 차트

분산형 차트(산점도)는 여러 데이터 속성 간의 관계를 파악하는 데 용이합니다. 상관 분석에 많이 사용되며, x축과 y축으로 두 속성이 양의 상관관계가 있는지를 파악할 수 있습니다. 두 데이터 속성 간의 방향, 추세, 밀집도를 파악할 수 있으며 항목별로 색을 다르게 표현하여 구분할 수도 있습니다. 데이터의 분포에 따라 추세선을 그려 보면 상관관계를 더 쉽게 파악할 수 있습니다.

이민자의 수와 각 나라의 선진화 정도를 평가하는 수치인 인간개발지수 간에 상관관계가 있다고 가정하고, 실제로 상관관계가 있는지 분산 차트를 통해 확인해 보겠습니다.

01 **[시각화.xlsx]** 예제 파일에서 **[분산차트]** 시트를 열면 원본 데이터에서 이민자 수와 인간개발지수 필드만 복사한 데이터가 있습니다. 분산형 차트를 추가하기 위해 데이터 범위(A1:B99)를 선택한 후 **[삽입]** 탭에서 **[분산형 또는 거품형 차트 삽입]** - **[분산형]**을 선택합니다.

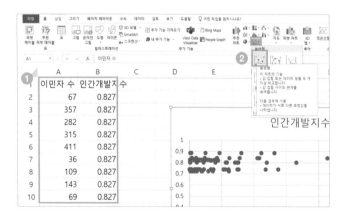

02 분산형 차트를 확인해 보니 각각의 데이터들이 한 직선에 가까이 모여 있는 형태보다는 제각각 흩어져 있습니다. 즉, 예상과 달리 이민자 수와 인간개발지수 간에 상관관계가 없음을 알 수 있습니다.

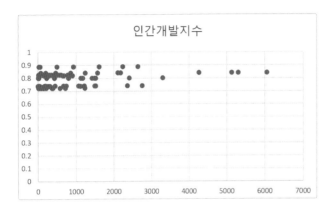

시간 흐름에 따른 변화를 파악하는 꺾은선형 차트

꺾은선형 차트는 시간의 흐름에 따라 데이터의 변화를 쉽게 확인할 수 있는 차트입니다. 그러나 시간에 따른 데이터의 변화만을 표현하기 때문에 데이터 값의 속성을 다양하게 표현하기에는 한계가 있습니다. 이러한 단점을 보완하기 위해서 영역형 차트 혹은 막대형 차트를 함께 활용하기도 합니다.

꺾은선형 차트를 추가하여 연도별 평균 이민자 수가 어떻게 변화하는지 확인해 보겠습니다.

01 [**시각화.xlsx**] 예제 파일에서 [**꺾은선차트**] 시트를 열면 원본 데이터를 가공
한 연도별 이민자 수 평균이 정리되어 있습니다. 꺾은선형 차트를 추가하
기 위해 데이터 범위(A1:B5)를 선택한 후 [**삽입**] 탭에서 [**꺾은선형 또는 영
역형 차트 삽입**] – [**꺾은선형**]을 선택합니다.

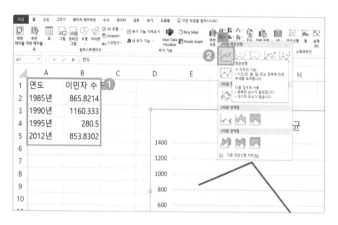

02 꺾은선형 차트를 확인해 보니 연도별 이민자 수 평균의 변화 추이를 한눈
에 파악할 수 있으며, 일정한 패턴 없이 이민자 수가 증감하는 것을 확인
할 수 있습니다.

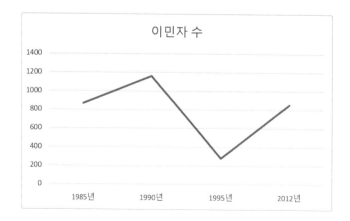

지리적 위치에 따른 비교가 용이한 지도 차트

지도 차트는 지도를 추상적인 형태로 표현하여 데이터와 지도 간의 상관관계를 색상이나 라벨 등으로 표시합니다. 데이터의 수치에 따라 지도에서 해당 지역의 색이 진해지는 등의 방법으로 시각화합니다. 지리적 위치에 따른 데이터를 시각화할 때 지도 차트를 활용하면 데이터를 더욱 명확하고 직관적으로 볼 수 있으며, 데이터에서 인사이트를 쉽게 도출하고 의사 결정에도 큰 도움이 됩니다. 단, 엑셀 버전이 낮으면 지도 차트가 지원되지 않을 수 있습니다.

01 [시각화.xlsx] 예제 파일에서 [지도차트] 시트를 열면 원본 데이터를 가공한 국가별 인구 수 평균이 정리되어 있습니다. 지도형 차트를 추가하기 위해 데이터 범위(A1:B10)를 선택한 후 [삽입] 탭에서 [지도] – [등치 지역도]를 선택합니다.

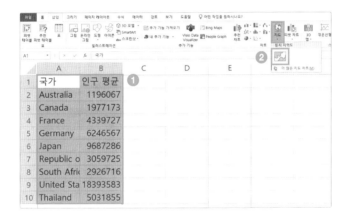

02 지도 차트가 그려진 것을 확인합니다. 인구 수에 따라 각 국가에 파란색으로 표시된 것을 확인할 수 있습니다. 인구 수가 많은 지역일수록 색이 진하게 표시됩니다.

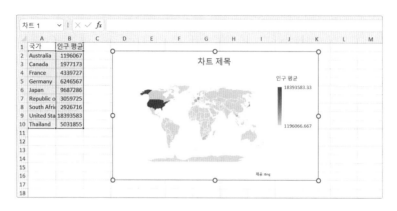

⊞ 차지하는 비중 파악이 용이한 원형 차트

원형 차트는 데이터를 시각화하는 가장 일반적인 방법 중 하나로, 하나의 원에서 조각의 크기로 데이터를 구분하여 표현합니다. 원형 차트는 전체를 기준으로 특정한 부분의 상대적 크기를 한눈에 파악하는 데 용이하지만, 특정 항목이 너무 크면 나머지 작은 항목의 조각들을 비교하기 어려울 수 있습니다.

국가별 1인당 국내 총생산의 합계 데이터를 활용하여 원형 차트를 그려 보고, 1인당 국내 총생산의 합이 가장 높은 국가와 낮은 국가 및 가장 높은 국가의 비중이 어느 정도인지 확인해 보세요.

01 [시각화.xlsx] 예제 파일에서 [파이차트] 시트를 열면 원본 데이터를 가공한 국가별 1인당 국내총생산 합계가 정리되어 있습니다. 원형 차트를 추가하기 위해 데이터 범위(A1 : B10)를 선택한 후 [삽입] 탭에서 [원형 또는 도넛형 차트 삽입] – [원형]을 선택합니다.

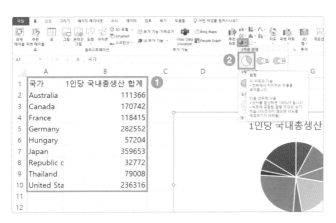

02 원형 차트를 확인해 보니 1인당 국내총생산 합계가 높은 대표적인 나라 두 곳을 확인할 수 있으며, 상위 2개 국가의 비중이 전체 국가의 총생산 합계의 절반 정도를 차지함을 알 수 있습니다.

◪ 사각형 크기로 구분하는 트리맵 차트

트리맵 차트는 데이터의 양, 수치에 따라 크기와 순서가 정해지는 사각형으로 분할되어, 많은 계층 구조(트리 구조)의 데이터를 표시하는 데 적합합니다. 작은 공간에 많은 양의 데이터를 표시할 수 있고, 데이터의 항목이 여러 개인 경우 범주로 묶어서 표현할 때 유용합니다.

국가별 1인당 국내총생산의 합계 데이터를 이용해 트리맵 차트를 그려 보겠습니다.

01 [시각화.xlsx] 예제 파일에서 [트리맵차트] 시트를 열면 원본 데이터를 가공한 국가별 1인당 국내총생산 합계가 정리되어 있습니다. 트리맵 차트를 추가하기 위해 데이터 범위(A1:B10)를 선택한 후 [삽입] 탭에서 [계층 구조 차트 삽입] – [트리맵]을 선택합니다.

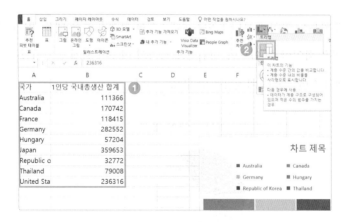

02 트리맵 차트도 원형 차트처럼 가장 높은 국가와 비중을 확인할 수 있으나, 크기 순서에 따라 사각형이 배열되어 순위 파악이 좀 더 빠르며, 사각형이라는 조금은 특색 있는 시각화 차트를 확인할 수 있습니다.

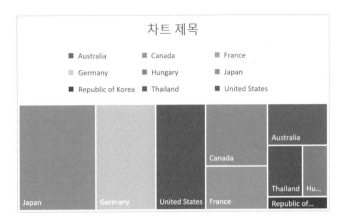

03 추가로 트리맵 차트에 국가명과 함께 데이터 값을 표시해 보겠습니다. 차트의 사각형 안에 있는 임의의 국가명을 [마우스 우클릭] 후 [데이터 레이블 서식]을 선택하면 '데이터 레이블 서식' 패널이 열립니다. '레이블 옵션' 영역에서 [값]에 [체크]하면 트리맵 차트에 데이터 값까지 표시됩니다.

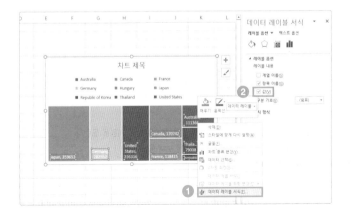

예제 파일 및 정오표 확인

책에 사용된 예제 파일을 다운로드하고 싶을 때, 책을 보다 오탈자를 발견하셨거나 다른 분이 발견한
오탈자를 확인하고 싶을 때 아래 링크에 접속하세요. 각 분야에서 돋보기 모양의 검색 아이콘을 클릭
한 후 해당 도서명으로 검색하면 상세 내용을 확인할 수 있습니다.

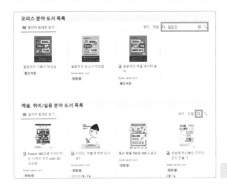

https://bit.ly/book_jpub

문과생을 위한 노코드 데이터 교육 문의하기

책의 집필진이 활동하고 있는 에이블런 홈페이지(https://ablearn.kr/)를 방문해 보세요. 현재 진행
중인 데이터 교육 관련 정보를 확인할 수 있습니다. 또한 데이터 교육 관련 궁금한 점이 있다면 오른
쪽 아래에 있는 채팅 기능을 이용할 수 있습니다. 또한, 책에 대한 문의 사항이 있다면 아래 이메일로
문의하여 저자에게 직접 답변을 받을 수 있습니다.

contactus@ablearn.kr